घुमक्कड़-शास्त्र

राहुल सांकृत्यायन

राधाकृष्ण पेपरबैक्स

पहला संस्करण राजकमल प्रकाशन से 1948 में प्रकाशित

राधाकृष्ण पेपरबैक्स में
पहला संस्करण : 2023
दूसरा संस्करण : 2024

राधाकृष्ण पेपरबैक्स : उत्कृष्ट साहित्य के जनसुलभ संस्करण

राधाकृष्ण प्रकाशन प्राइवेट लिमिटेड
जी-17, जगतपुरी, दिल्ली-110 051
द्वारा प्रकाशित

शाखाएँ : अशोक राजपथ, साइंस कॉलेज के सामने, पटना-800 006
पहली मंजिल, दरबारी बिल्डिंग, महात्मा गांधी मार्ग, प्रयागराज-211 001
1, अनमोल सोराबजी संतुक लेन, धोबी तलाव, मरीन लाइंस, मुम्बई-400 002
वेबसाइट : www.radhakrishnaprakashan.com
ई-मेल : info@radhakrishnaprakashan.com

बी.के. ऑफसेट
नवीन शाहदरा, दिल्ली-110 032
द्वारा मुद्रित

मूल्य : ₹ 199

GHUMAKKAD SHASTRA
Travelogue by Rahul Sankrityayan

ISBN : 978-81-19092-34-5

घुमक्कड़-शास्त्र

क्रम

प्रथम संस्करण

'घुमक्कड़-शास्त्र' के लिखने की आवश्यकता मैं बहुत दिनों से अनुभव कर रहा था। मैं समझता हूँ और भी समानधर्मा बन्धु इसकी आवश्यकता को महसूस कर रहे होंगे। घुमक्कड़ी का अंकुर पैदा करना इस शास्त्र का काम नहीं; बल्कि जन्मजात अंकुरों की पुष्टि, परिवर्धन तथा मार्ग-प्रदर्शन इस ग्रन्थ का लक्ष्य है। घुमक्कड़ों के लिए उपयोगी सभी बातें सूक्ष्म रूप में यहाँ आ गई हैं, यह कहना उचित नहीं होगा, किन्तु यदि मेरे घुमक्कड़ मित्र अपनी जिज्ञासाओं और अभिज्ञाताओं द्वारा सहायता करें, तो मैं समझता हूँ, अगले संस्करण में इसकी कितनी ही कमियाँ दूर कर दी जाएँगी।

इस ग्रन्थ के लिखने में जिनका आग्रह और प्रेरणा कारण हुई, उन सबके लिए मैं हार्दिक रूप से कृतज्ञ हूँ। श्री महेश जी और श्री कमला परियार (अब सांकृत्यायन) ने अपनी लेखनी द्वारा जिस तत्परता से सहायता की, उसके लिए उन्हें मैं अपनी और पाठकों की ओर से भी धन्यवाद देना चाहता हूँ। उनकी सहायता बिना वर्षों से मस्तिष्क में चक्कर लगाते विचार कागज पर न उतर सकते।

—राहुल सांकृत्यायन

द्वितीय संस्करण

'घुमक्कड़-शास्त्र' का यह दूसरा संस्करण निकल रहा है। इसकी कदर हुई है, नौजवानों की नहीं वृद्धों में भी, तभी तो यूनिवर्सिटियों ने अपनी पाठ्य-पुस्तकों में इसके अध्यायों को जगह दी।

—राहुल सांकृत्यायन

अथातो घुमक्कड़-जिज्ञासा

संस्कृत से ग्रन्थ को शुरू करने के लिए पाठकों को रोष नहीं होना चाहिए। आखिर हम शास्त्र लिखने जा रहे हैं, फिर शास्त्र की परिपाटी को तो मानना ही पड़ेगा। शास्त्रों में जिज्ञासा ऐसी चीज के लिए होनी बतलाई गई है जो कि श्रेष्ठ तथा व्यक्ति और समाज के लिए परम हितकारी हो। व्यास ने अपने शास्त्र में ब्रह्म को सर्वश्रेष्ठ मानकर उसे जिज्ञासा का विषय बनाया। व्यास-शिष्य जैमिनि ने धर्म को श्रेष्ठ माना। पुराने ऋषियों से मतभेद रखना हमारे लिए पाप की वस्तु नहीं है, आखिर छह शास्त्रों के रचयिता छह आस्तिक ऋषियों में भी आधों ने ब्रह्म को धता बता दिया है। मेरी समझ में दुनिया की सर्वश्रेष्ठ वस्तु है घुमक्कड़ी। घुमक्कड़ से बढ़कर व्यक्ति और समाज का कोई हितकारी नहीं हो सकता। कहा जाता है, ब्रह्म ने सृष्टि को पैदा, धारण और नाश करने का जिम्मा अपने ऊपर लिया है। पैदा करना और नाश करना दूर की बातें हैं, उनकी यथार्थता सिद्ध करने के लिए न प्रत्यक्ष प्रमाण सहायक हो सकता है, न अनुमान ही। हाँ, दुनिया के धारण की बात तो निश्चय ही न ब्रह्मा के ऊपर है, न विष्णु के और न शंकर ही के ऊपर। दुनिया—दुख में हो चाहे सुख में—सभी समय यदि सहारा पाती है, तो घुमक्कड़ों की ही ओर से। प्राकृतिक आदिम मनुष्य परम घुमक्कड़ था। खेती, बागवानी तथा घर-द्वार से मुक्त वह आकाश के पक्षियों की भाँति पृथ्वी पर सदा विचरण करता था, जाड़े में यदि इस जगह था तो गर्मियों में वहाँ से दो सौ कोस दूर।

आधुनिक काल में घुमक्कड़ों के काम की बात कहने की आवश्यकता है, क्योंकि लोगों ने घुमक्कड़ों की कृतियों को चुराके उन्हें गला फाड़-फाड़कर अपने नाम से प्रकाशित किया जिससे दुनिया जानने लगी कि वस्तुतः तेली के कोल्हू के बैल ही दुनिया में सब कुछ करते हैं। आधुनिक विज्ञान में चार्ल्स डारविन का स्थान बहुत ऊँचा है। उसने प्राणियों की उत्पत्ति और मानव-वंश के विकास पर ही अद्वितीय खोज नहीं की, बल्कि सारे ही विज्ञानों को उससे सहायता मिली। कहना चाहिए कि सभी विज्ञानों को डारविन के प्रकाश में दिशा बदलनी पड़ी। लेकिन क्या डारविन अपने महान् आविष्कारों को कर सकता था यदि उसने घुमक्कड़ी का व्रत न लिया होता?

मैं मानता हूँ, पुस्तकें भी कुछ-कुछ घुमक्कड़ी का रस प्रदान करती हैं, लेकिन जिस तरह फोटो देखकर आप हिमालय के देवदार के गहन वनों और श्वेत हिम-मुकुटित शिखरों के सौन्दर्य, उनके रूप, उनकी गंध का अनुभव नहीं कर सकते, उसी तरह यात्रा-कथाओं से आपको उस बूँद से भेंट नहीं हो सकती जो कि एक घुमक्कड़ को प्राप्त होती है। अधिक-से-अधिक यात्रा-पाठकों के लिए यही कहा जा सकता है कि दूसरे अन्धों की अपेक्षा उन्हें थोड़ा आलोक मिल जाता है और साथ ही ऐसी प्रेरणा भी मिल सकती है जो स्थायी नहीं तो कुछ दिनों के लिए उन्हें घुमक्कड़ बना सकती है। घुमक्कड़ क्यों दुनिया की सर्वश्रेष्ठ विभूति हैं? इसीलिए कि उसी ने आज की दुनिया को बनाया है। यदि आदिम-पुरुष एक जगह नदी या तालाब के किनारे गर्म मुल्क में पड़े रहते, तो वह दुनिया को आगे नहीं ले जा सकते थे। आदमी की घुमक्कड़ी ने बहुत बार खून की नदियाँ बहाई हैं, इसमें सन्देह नहीं; और घुमक्कड़ों से हम हरगिज नहीं चाहेंगे कि वह खून के रास्ते को पकड़ें, किन्तु अगर घुमक्कड़ों के काफिले न आते-जाते, तो सुस्त मानव-जातियाँ सो जातीं और पशु से ऊपर नहीं उठ पातीं। आदिम घुमक्कड़ों में से आर्यों, शकों, हूणों ने क्या-क्या किया, अपने खूनी पथों द्वारा मानवता के पथ को किस तरह प्रशस्त किया, इसे इतिहास में हम उतना स्पष्ट वर्णित नहीं पाते, किन्तु मंगोल-घुमक्कड़ों की करामातों को तो हम अच्छी तरह जानते हैं। बारूद, तोप, कागज, छापाखाना, दिग्दर्शक-चश्मा यही चीजें थीं जिन्होंने पश्चिम में विज्ञान-युग का आरम्भ कराया और इन चीजों को वहाँ ले जाने वाले मंगोल-घुमक्कड़ थे।

कोलम्बस और वास्को-द-गामा दो घुमक्कड़ ही थे जिन्होंने पश्चिमी देशों के आगे बढ़ने का रास्ता खोला। अमेरिका अधिकतर निर्जन-सा पड़ा था। एशिया के कूप-मंडूकों को घुमक्कड-धर्म की महिमा भूल गई, इसलिए उन्होंने अमेरिका पर अपनी झंडी नहीं गाड़ी। दो शताब्दियों पहले तक आस्ट्रेलिया खाली पड़ा था। चीन और भारत को सभ्यता का बड़ा गर्व है, लेकिन इनको इतनी अकल नहीं आई कि जाकर वहाँ अपना झंडा गाड़ आते। आज अपने 40-50 करोड़ की जनसंख्या के भार से भारत और चीन की भूमि दबी जा रही है और आस्ट्रेलिया में एक करोड़ भी आदमी नहीं हैं। आज एशियायियों के लिए आस्ट्रेलिया का द्वार बन्द है, लेकिन दो सदी पहले वह हमारे हाथ की चीज थी। क्यों भारत और चीन आस्ट्रेलिया की अपार सम्पत्ति और अमित भूमि से वंचित रह गए? इसीलिए कि वह घुमक्कड़-धर्म से विमुख थे, उसे भूल चुके थे।

हाँ, मैं इसे भूलना ही कहूँगा, क्योंकि किसी समय भारत और चीन ने बड़े-बड़े नामी घुमक्कड़ पैदा किये थे। वे भारतीय घुमक्कड़ ही थे जिन्होंने दक्षिण-पूरब में लंका, बर्मा, मलाया, यवद्वीप, स्याम, कम्बोज, चम्पा, बोर्नियो और सेलीबीज ही नहीं, फिलिपाइन तक का धावा मारा था और एक समय तो जान पड़ा कि न्यूजीलैंड और आस्ट्रेलिया भी बृहत्तर। भारत का अंग बनने वाले हैं, लेकिन कूप-मंडूकता, तेरा सत्यानाश हो! इस देश के बुद्धुओं ने उपदेश करना शुरू किया कि समुन्दर के खारे पानी और हिन्दू-धर्म में बड़ा वैर है, उसके छूने मात्र से वह नमक की पुतली की तरह गल जाएगा। इतना बतला देने पर क्या कहने की आवश्यकता है कि समाज के कल्याण के लिए घुमक्कड़-धर्म कितनी आवश्यक चीज है? जिस जाति या देश ने इस धर्म को अपनाया, वह चारों फलों का भागी हुआ और जिसने इसे दुराया, उसके लिए नरक में भी ठिकाना नहीं। आखिर घुमक्कड़-धर्म को भूलने के कारण ही हम सात शताब्दियों तक धक्का खाते रहे, ऐरे-गैरे जो भी आए, हमें चार लात लगाते गए।

शायद किसी को सन्देह हो कि मैंने इस शास्त्र में जो युक्तियाँ दी हैं, वह सभी लौकिक तथा शास्त्र-ग्राह्य हैं। अच्छा तो धर्म से प्रमाण लीजिए। दुनिया के अधिकांश धर्मनायक घुमक्कड़ रहे। धर्माचार्यों में आचार-विचार, बुद्धि और तर्क तथा सहृदयता में सर्वश्रेष्ठ बुद्ध घुमक्कड़-राज थे। यद्यपि वह भारत से बाहर नहीं

गए, लेकिन वर्षा के तीन मासों को छोड़कर एक जगह रहना वह पाप समझते थे। वह अपने ही घुमक्कड़ नहीं थे, बल्कि आरम्भ ही में अपने शिष्यों को उन्होंने कहा था—"चरथ भिक्खवे! चारिकं" जिसका अर्थ है—भिक्षुओ! घुमक्कड़ी करो। बुद्ध के भिक्षुओं ने अपने गुरु की शिक्षा को कितना माना, क्या इसे बताने की आवश्यकता है? क्या उन्होंने पश्चिम में मकदूनिया तथा मिस्र से पूरब में जापान तक, उत्तर में मंगोलिया से लेकर दक्षिण में बाली और बाँका के द्वीपों तक को रौंदकर रख नहीं दिया? जिस वृहत्तर-भारत के लिए हरेक भारतीय को उचित अभिमान है, क्या उसका निर्माण इन्हीं घुमक्कड़ों की चरण-धूलि ने नहीं किया? केवल बुद्ध ने ही अपनी घुमक्कड़ी से प्रेरणा नहीं दी, बल्कि घुमक्कड़ों का इतना जोर बुद्ध से एक-दो शताब्दियों पूर्व भी था जिसके ही कारण बुद्ध-जैसे घुमक्कड़-राज इस देश में पैदा हो सके। उस वक्त पुरुष ही नहीं, स्त्रियाँ तक जम्बू-वृक्ष की शाखा ले अपनी प्रखर प्रतिभा का जौहर दिखातीं, बाद में कूप-मंडूकों को पराजित करती सारे भारत में मुक्त होकर विचरा करती थीं।

कोई-कोई महिलाएँ पूछती हैं—क्या स्त्रियाँ भी घुमक्कड़ी कर सकती हैं, क्या उनको भी इस महाव्रत की दीक्षा लेनी चाहिए? इसके बारे में तो अलग अध्याय ही लिखा जाने वाला है, किन्तु यहाँ इतना कह देना है कि घुमक्कड़-धर्म ब्राह्मण-धर्म जैसा संकुचित धर्म नहीं है जिसमें स्त्रियों के लिए स्थान नहीं हो। स्त्रियाँ इसमें उतना ही अधिकार रखती हैं जितना पुरुष। यदि वह जन्म सफल करके व्यक्ति और समाज के लिए कुछ करना चाहती हैं, तो उन्हें भी दोनों हाथों इस धर्म को स्वीकार करना चाहिए। घुमक्कड़ी-धर्म छुड़ाने के लिए ही पुरुष ने बहुत से बन्धन नारी के रास्ते में लगाये हैं। बुद्ध ने सिर्फ पुरुषों के लिए घुमक्कड़ी करने का आदेश नहीं दिया, बल्कि स्त्रियों के लिए भी उनका वही उपदेश था।

भारत के प्राचीन धर्मों में जैन धर्म भी है। जैन धर्म के प्रतिष्ठापक श्रमण महावीर कौन थे? वह भी घुमक्कड़-राज थे। घुमक्कड़-धर्म के आचरण में छोटी-से-बड़ी तक सभी बाधाओं और उपाधियों को उन्होंने त्याग दिया था—घर-द्वार और नारी-संतान ही नहीं, वस्त्र का वर्जन कर दिया था। "करतल भिक्षा, तरुतल वास" तथा दिग-अम्बर को उन्होंने इसीलिए अपनाया था कि निर्द्वंद्व विचरण में कोई बाधा न रहे। श्वेताम्बर-बन्धु दिगम्बर कहने के लिए नाराज न हों। वस्तुतः हमारे वैशालिक

महान् घुमक्कड़ कुछ बातों में दिगम्बरों की कल्पना के अनुसार थे और कुछ बातों में श्वेताम्बरों के उल्लेख के अनुसार। लेकिन इसमें तो दोनों सम्प्रदायों और बाहर के मर्मज्ञ भी सहमत हैं कि भगवान् महावीर दूसरी-तीसरी नहीं, प्रथम श्रेणी के घुमक्कड़ थे। वह आजीवन घूमते ही रहे। वैशाली में जन्म लेकर विचरण करते ही पावा में उन्होंने अपना शरीर छोड़ा। और, बुद्ध और महावीर से बढ़कर यदि कोई त्याग, तपस्या और सहृदयता का दावा करता है, तो मैं उसे केवल दम्भी कहूँगा। आजकल कुटिया या आश्रम बनाकर तेली के बैल की तरह कोल्हू से बँधे कितने ही लोग अपने को अद्वितीय महात्मा कहते हैं या चेलों से कहलवाते हैं, लेकिन मैं तो कहूँगा, घुमक्कड़ी को त्याग कर यदि महापुरुष बना जाता, तो फिर ऐसे लोग गली-गली में देखे जाते। मैं तो जिज्ञासुओं को खबरदार कर देना चाहता हूँ कि वह ऐसे मुलम्मे वाले महात्माओं और महापुरुषों के फेर से बचे रहें। वे स्वयं तेली के बैल तो हैं ही, दूसरों को भी अपने ही जैसा बना रखेंगे।

बुद्ध और महावीर जैसे सृष्टिकर्ता ईश्वर से इनकारी महापुरुषों की घुमक्कड़ी की बात से यह नहीं मान लेना होगा कि दूसरे लोग ईश्वर के भरोसे गुफा या कोठरी में बैठकर सारी सिद्धियाँ पा गए या पा जाते हैं। यदि ऐसा होता, तो शंकराचार्य, जो साक्षात् ब्रह्मस्वरूप थे, क्यों भारत के चारों कोनों की खाक छानते फिरे? शंकर को शंकर किसी ब्रह्म ने नहीं बनाया, उन्हें बड़ा बनाने वाला था यही घुमक्कड़ी-धर्म। शंकर बराबर घूमते रहे—आज केरल देश में थे तो कुछ ही महीने बाद मिथिला में, और अगले साल कश्मीर या हिमालय के किसी दूसरे भाग में। शंकर तरुणाई में ही शिवलोक सिधार गए, किन्तु थोड़े से जीवन में उन्होंने सिर्फ तीन भाष्य ही नहीं लिखे, बल्कि अपने आचरण से अनुयायियों को वह घुमक्कड़ी का पाठ पढ़ा गए कि आज भी उसके पालन करने वाले सैकड़ों मिलते हैं। वास्को-द-गामा के भारत पहुँचने से बहुत पहले शंकर के शिष्य मास्को और योरुप तक पहुँचे थे। उनके साहसी शिष्य सिर्फ भारत के चार धामों से ही सन्तुष्ट नहीं थे, बल्कि उनमें से कितनों ने जाकर बाकू (रूस) में धूनी रमाई। एक ने पर्यटन करते हुए वोल्गा-तट पर निज्नीनो-वोग्राद के महामेले को देखा। फिर क्या था, कुछ समय के लिए वहीं डट गया और उसने ईसाइयों के भीतर कितने ही अनुयायी पैदा कर लिये जिनकी संख्या भीतर-ही-भीतर बढ़ती इस शताब्दी के आरम्भ में कुछ लाख तक पहुँच गई थी।

रामानुज, मध्वाचार्य और दूसरे वैष्णवाचार्यों के अनुयायी मुझे क्षमा करें, यदि मैं कहूँ कि उन्होंने भारत में कूप-मंडूकता के प्रचार में बड़ी सरगर्मी दिखाई। भला हो, रामानन्द और चैतन्य का, जिन्होंने कि पंक के पंकज बनकर आदिकाल से चले आते महान् घुमक्कड़-धर्म की फिर से प्रतिष्ठापना की जिसके फलस्वरूप प्रथम श्रेणी के तो नहीं, किन्तु द्वितीय श्रेणी के बहुत-से घुमक्कड़ उनमें पैदा हुए। ये बिचारे बाँकू की बड़ी ज्वालामाई तक कैसे जाते, उनके लिए तो मानसरोवर तक पहुँचना भी मुश्किल था। अपने हाथ से खाना बनाना, मांस-अंडे से छू जाने पर भी धर्म का चला जाना, हाड़-तोड़ सर्दी के कारण हर लघुशंका के बाद बर्फीले पानी से हाथ धोना और हर महाशंका के बाद स्नान करना तो यमराज को निमंत्रण देना होता, इसलिए बेचारे फूँक-फूँक कर ही घुमक्कड़ी कर सकते थे। इसमें किसे उज्र हो सकता है कि शैव हो या वैष्णव, वेदान्ती हो या सदान्ती, सभी को आगे बढ़ाया केवल घुमक्कड़-धर्म ने।

महान् घुमक्कड़-धर्म, बौद्ध धर्म का भारत से लुप्त होना क्या था, तब से कूप-मंडूकता का हमारे देश में बोलबाला हो गया। सात शताब्दियाँ बीत गईं और इन सातों शताब्दियों में दासता और परतंत्रता हमारे देश में पैर तोड़कर बैठ गई, यह कोई आकस्मिक बात नहीं थी। लेकिन समाज के अगुवों ने चाहे कितना ही कूप-मंडूक बनाना चाहा, लेकिन इस देश में माई-के-लाल जब-तब पैदा होते रहे जिन्होंने कर्म-पथ की ओर संकेत किया। हमारे इतिहास में गुरु नानक का समय दूर का नहीं है, लेकिन अपने समय के वह महान् घुमक्कड़ थे। उन्होंने भारत-भ्रमण को ही पर्याप्त नहीं समझा और ईरान और अरब तक का धावा मारा। घुमक्कड़ी किसी बड़े योग से कम सिद्धिदायिनी नहीं है और निर्भीक तो वह एक नम्बर का बना देती है। घुमक्कड़ नानक मक्के में जाके काबा की ओर पैर फैलाकर सो गए। मुल्लों में इतनी सहिष्णुता होती तो आदमी होते। उन्होंने एतराज किया और पैर पकड़ के दूसरी ओर करना चाहा। उनको यह देखकर बड़ा अचरज हुआ कि जिस तरफ घुमक्कड़ नानक का पैर घूम रहा है, काबा भी उसी ओर चला जा रहा है। यह है चमत्कार! आज के सर्वशक्तिमान, किन्तु कोठरी में बन्द महात्माओं में है कोई ऐसा, जो नानक की तरह हिम्मत और चमत्कार दिखलाए?

दूर शताब्दियों की बात छोड़िए, अभी शताब्दी भी नहीं बीती, इस देश से

स्वामी दयानन्द को विदा हुए। स्वामी दयानन्द को ऋषि दयानन्द किसने बनाया? घुमक्कड़ी-धर्म ने। उन्होंने भारत के अधिक भागों का भ्रमण किया; पुस्तक लिखते, शास्त्रार्थ करते वह बराबर भ्रमण करते रहे। शास्त्रों को पढ़कर काशी के बड़े-बड़े पंडित महा-मंडूक बनने में ही सफल होते रहे, इसलिए दयानन्द को मुक्तबुद्धि और तर्कप्रधान बनाने का कारण शास्त्रों से अलग कहीं ढूँढ़ना होगा। और वह है उनका निरन्तर घुमक्कड़ी-धर्म का सेवन। उन्होंने समुद्र-यात्रा करने, द्वीप-द्वीपान्तरों में जाने के विरुद्ध जितनी थोथी दलीलें दी जाती थीं, सबको चिंदी-चिंदी उड़ा दिया और बतलाया कि मनुष्य स्थावर वृक्ष नहीं है, वह जंगम प्राणी है। चलना मनुष्य का धर्म है। जिसने उसे छोड़ा, वह मनुष्य होने का अधिकारी नहीं है।

बीसवीं शताब्दी के भारतीय घुमक्कड़ों की चर्चा करने की आवश्यकता नहीं। इतना लिखने से मालूम हो गया होगा कि संसार में यदि कोई अनादि सनातन-धर्म है, तो वह घुमक्कड़-धर्म है। लेकिन संकुचित सम्प्रदाय नहीं है, वह आकाश की तरह महान् है, समुद्र की तरह विशाल है। जिन धर्मों ने अधिक यश और महिमा प्राप्त की है, वह केवल घुमक्कड़-धर्म ही के कारण। प्रभु ईसा घुमक्कड़ थे उनके अनुयायी भी ऐसे घुमक्कड़ थे जिन्होंने ईसा के सन्देश को दुनिया के कोने-कोने में पहुँचाया। यहूदी पैगम्बरों ने घुमक्कड़ी-धर्म को भुला दिया जिसका फल शताब्दियों तक उन्हें भोगना पड़ा। उन्होंने अपने जान चूल्हे से सिर निकालना नहीं चाहा। घुमक्कड़-धर्म की ऐसी भारी अवहेलना करने वाले की जैसी गति होनी चाहिए, वैसी गति उनकी हुई। चूल्हा हाथ से छूट गया और सारी दुनिया में घुमक्कड़ी करने को मजबूर हुए जिसने आगे उन्हें मारवाड़ी सेठ बनाया; या यों कहिए कि घुमक्कड़ी-धर्म की एक छींट पड़ जाने से मारवाड़ी सेठ भारत के यहूदी बन गए। जिसने इस धर्म की अवहेलना की, उसे रक्त के आँसू बहाने पड़े। अभी इन बेचारों ने बड़ी कुर्बानी के बाद और दो हजार वर्ष की घुमक्कड़ी के तजर्बे के बल पर फिर अपना स्थान प्राप्त किया। आशा है स्थान प्राप्त करने से वह चूल्हे में सिर रखकर बैठने वाले नहीं बनेंगे। अस्तु, सनातन-धर्म से पतित यहूदी जाति को महान् पाप का प्रायश्चित्त या दंड घुमक्कड़ी के रूप में भोगना पड़ा और अब उन्हें पैर रखने का स्थान मिला। आज भारत तना हुआ है। वह यहूदियों की भूमि और राज्य को स्वीकार करने के लिए तैयार नहीं है। जब बड़े-बड़े स्वीकार कर चुके हैं, तो कितने दिनों तक यह हठधर्मी चलेगी?

लेकिन विषयान्तर में न जाकर हमें यह कहना था कि यह घुमक्कड़ी-धर्म है जिसने यहूदियों को केवल व्यापार-कुशल, उद्योग-निष्णात ही नहीं बनाया, बल्कि विज्ञान, दर्शन, साहित्य, संगीत सभी क्षेत्रों में चमकने का मौका दिया। समझा जाता था कि व्यापारी तथा घुमक्कड़ यहूदी युद्धविद्या में कच्चे निकलेंगे, लेकिन उन्होंने पाँच-पाँच अरबी साम्राज्यों की सारी शेखी को धूल में मिलाकर चारों खाने चित कर दिया और सबने नाक रगड़कर उनसे शान्ति की भिक्षा माँगी।

इतना कहने से अब कोई सन्देह नहीं रह गया कि घुमक्कड़-धर्म से बढ़कर दुनिया में धर्म नहीं है। धर्म भी छोटी बात है, उसे घुमक्कड़ के साथ लगाना "महिमा घटी समुद्र की रावण बसा पड़ोस" वाली बात होगी। घुमक्कड़ होना आदमी के लिए परम सौभाग्य की बात है। यह पंथ अपने अनुयायी को मरने के बाद किसी काल्पनिक स्वर्ग का प्रलोभन नहीं देता, इसके लिए तो कह सकते हैं—"क्या खूब सौदा नकद है—इस हाथ ले, उस हाथ दे।" घुमक्कड़ी वही कर सकता है जो निश्चिंत है। किन साधनों से सम्पन्न होकर आदमी घुमक्कड़ बनने का अधिकारी हो सकता है, यह आगे बतलाया जाएगा, किन्तु घुमक्कड़ी के लिए चिन्ताहीन होना आवश्यक है और चिन्ताहीन होने के लिए घुमक्कड़ी भी आवश्यक है। दोनों का अन्योन्याश्रय होना दूषण नहीं, भूषण है। घुमक्कड़ी से बढ़कर सुख कहाँ मिल सकता है? आखिर चिन्ताहीनता तो सुख का सबसे स्पष्ट रूप है। घुमक्कड़ी में कष्ट भी होते हैं, लेकिन उसे उसी तरह समझिए, जैसे भोजन में मिर्च। मिर्च में यदि कड़वाहट न हो, तो क्या कोई मिर्च-प्रेमी उसमें हाथ भी लगाएगा? वस्तुतः घुमक्कड़ी में कभी-कभी होने वाले कड़वे अनुभव उसके रस को और बढ़ा देते हैं, उसी तरह जैसे काली पृष्ठभूमि में चित्र अधिक खिल उठता है।

व्यक्ति के लिए घुमक्कड़ी से बढ़कर कोई नकद धर्म नहीं है। जाति का भविष्य घुमक्कड़ों पर निर्भर करता है, इसलिए मैं कहूँगा कि हरेक तरुण और तरुणी को घुमक्कड़-व्रत ग्रहण करना चाहिए। इसके विरुद्ध दिये जाने वाले सारे प्रमाणों को झूठ और व्यर्थ का समझना चाहिए। यदि माता-पिता विरोध करते हैं, तो समझना चाहिए कि वह भी प्रह्लाद के माता-पिता के नवीन संस्करण हैं। यदि हित-बान्धव बाधा उपस्थित करते हैं, तो समझना चाहिए कि वे दिवांध हैं। यदि धर्म-धर्माचार्य कुछ उलटा-सीधा तर्क देते हैं तो समझ लेना चाहिए कि इन्हीं ढोंगी और ढोंगियों ने

संसार को कभी सरल और सच्चे पथ पर चलने नहीं दिया। यदि राज्य और राजसी नेता अपनी कानूनी रुकावटें डालते हैं, तो हजारों बार की तजर्बा की हुई बात है कि महानदी के वेग की तरह घुमक्कड़ की गति को रोकने वाला दुनिया में कोई पैदा नहीं हुआ। बड़े-बड़े कठोर पहरेवाली राज्य-सीमाओं को घुमक्कड़ों ने आँख में धूल झोंककर पार कर लिया। मैंने स्वयं ऐसा एक से अधिक बार किया है। (पहली तिब्बत-यात्रा में अंग्रेजों, नेपाल-राज्य और तिब्बत के सीमारक्षकों की आँख में धूल झोंककर जाना पड़ा था।)

संक्षेप में हम यह कह सकते हैं कि यदि कोई तरुणी-तरुण घुमक्कड़-धर्म की दीक्षा लेता है—यह मैं अवश्य कहूँगा कि यह दीक्षा वही ले सकता है जिसमें बहुत भारी मात्रा में हर तरह का साहस है तो उसे किसी की बात नहीं सुननी चाहिए, न माता के आँसू बहने की परवाह करनी चाहिए, न पिता के भय और उदास होने की, न भूल से विवाह लाई अपनी पत्नी के रोने-धोने की फिक्र करनी चाहिए और न किसी तरुणी को अभागे पति के कलपने की। बस शंकराचार्य के शब्दों में ही समझना चाहिए—"निस्त्रैगुण्ये पथि विचरतः को विधिः को निषेधः" और मेरे गुरु कपोतराज के वचन को अपना पथ-प्रदर्शक बनाना चाहिए—

सैर कर दुनिया की गाफिल, जिन्दगानी फिर कहाँ?
जिन्दगी गर कुछ रही तो नौजवानी फिर कहाँ?

—इस्माइल (मेरठी)

दुनिया में मनुष्य-जन्म एक ही बार होता है और जवानी भी केवल एक ही बार आती है। साहसी और मनस्वी तरुण-तरुणियों को इस अवसर से हाथ नहीं धोना चाहिए। कमर बाँध लो भावी घुमक्कड़ो! संसार तुम्हारे स्वागत के लिए बेकरार है।

जंजाल तोड़ो

दुनिया भर के साधुओं-संन्यासियों ने 'गृहकारज नाना जंजाला' कह उसे तोड़कर बाहर आने की शिक्षा दी है। यदि घुमक्कड़ के लिए भी उसका तोड़ना आवश्यक है, तो यह न समझना चाहिए कि घुमक्कड़ का ध्येय भी आत्म-सम्मोह या परवंचना है। घुमक्कड़-शास्त्र में जो भी बातें कही जा रही हैं, वह प्रथम या अधिक-से-अधिक द्वितीय श्रेणी के घुमक्कड़ों के लिए हैं। इसका मतलब यह नहीं कि यदि प्रथम और द्वितीय श्रेणी का घुमक्कड़ नहीं हुआ जा सकता तो उस मार्ग पर पैर रखना ही नहीं चाहिए। वैसे तो गीता को बहुत कुछ नई बोतल में पुरानी शराब और दर्शन तथा उच्च धर्माचार के नाम पर लोगों को पथभ्रष्ट करने में ही सफलता मिली है, किन्तु उसमें कोई-कोई बात सच्ची भी निकल आती है। "न चैकमपि सत्यं स्यात् पुरुषे बहुभाषिणि" (बहुत बोलने वाले आदमी की एकाध बात सच्ची भी हो जाती है)। यह बात गीता पर लागू समझनी चाहिए और वह सच्ची बात है—

मनुष्याणां सहस्त्रेषु कश्चिद् यतति सिद्धये।

इसलिए प्रथम श्रेणी के एक घुमक्कड़ को पैदा करने के लिए हजार द्वितीय श्रेणी के घुमक्कड़ों की आवश्यकता होगी। द्वितीय श्रेणी के एक घुमक्कड़ के लिए हजार तृतीय श्रेणी के। इस प्रकार घुमक्कड़ी के मार्ग पर जब लाखों की संख्या में लोग चलेंगे तो कोई-कोई उनमें आदर्श घुमक्कड़ बन सकेंगे।

हाँ, तो घुमक्कड़ के लिए जंजाल तोड़कर बाहर आना पहली आवश्यकता है। कौन-सा तरुण है जिसे आँख खुलने के समय से दुनिया घूमने की इच्छा न हुई हो! मैं समझता हूँ जिनकी नसों में गरम खून है, उनमें कम ही ऐसे होंगे जिन्होंने किसी समय घर की चहारदीवारी तोड़कर बाहर निकलने की इच्छा नहीं की हो। उनके रास्ते में बाधाएँ जरूर हैं। बाहरी दुनिया से अधिक बाधाएँ आदमी के दिल में होती हैं। तरुण अपने गाँव या मुहल्ले की याद करके रोने लगते हैं, वह अपने परिचित घरों और दीवारों, गलियों और सड़कों, नदियों और तालाबों को नजर से दूर करने में बड़ी उदासी का अनुभव करने लगते हैं। घुमक्कड़ होने का यह अर्थ नहीं कि अपनी जन्मभूमि से उसका प्रेम न हो। "जन्मभूमि मम पुरी सुहावनि" बिलकुल ठीक बात है। बल्कि जन्मभूमि का प्रेम और सम्मान पूरी तरह से तभी किया जा सकता है जब आदमी उससे दूर हो। तभी उसका सुन्दर चित्र मानस-पटल पर आता है और हृदय तरह-तरह के मधुर भावों से ओत-प्रोत हो जाता है। विघ्न-बाधा का भय न रहने पर घुमक्कड़ पाँच-दस साल बाद उसे देख आए, अपने पुराने मित्रों से मिल आएँ, यह कोई बुरी बात नहीं है, लेकिन प्रेम का अर्थ उसे गाँठ बाँध करके रखना नहीं है। आखिर घुमक्कड़ी जीवन में आदमी जितना दूर-दूर जाता है, उसके हित-मित्रों की संख्या भी उसी तरह बढ़ती है। सभी जगह स्नेह और प्रेम के धागे उसे बाँधने की तैयारी करते हैं। यदि ऐसे फंदे में वह फँसना चाहे, तो भी कैसे सबकी इच्छा को पूरा कर सकता है? जिस भूमि, गाँव या शहर ने हमें जन्म दिया है, उसे शत-शत प्रणाम है; उसकी मधुर स्मृति हमारे लिए प्रियतम निधि है, इसमें कोई सन्देह नहीं। लेकिन, यदि वह भूमि पैरों को पकड़कर हमें जंगम से स्थावर बनाना चाहे तो यह बुरी बात है। मनुष्य से पशु ही नहीं, बल्कि एकाएक वनस्पति जाति में पतन—यह मनुष्य के लिए स्पृहणीय नहीं हो सकता। हरेक मनुष्य का जन्म-स्थान के प्रति एक कर्तव्य है जो मन में उसकी मधुर स्मृति और कार्य से कृतज्ञता प्रकट कर देने मात्र से पूरा हो जाता है।

माता

घुमक्कड़ी का अंकुर किस आयु में उद्भूत होता है, किस आयु में परिपूर्णता को

प्राप्त होता है, किस समय अभिनिष्क्रमण करना चाहिए, यह किसी अगले अध्याय का विषय है। लेकिन जंजाल तोड़ने की बात कहते हुए भी यह बतला देना है कि भावी घुमक्कड़ के तरुण हृदय और मस्तिष्क को बन्धन में रखने में किनका अधिक हाथ है। शत्रु आदमी को बाँध नहीं सकता और न उदासीन व्यक्ति ही। सबसे कड़ा बन्धन होता है स्नेह का, और स्नेह में यदि निरीहता सम्मिलित हो जाती है, तो वह और भी मजबूत हो जाता है। घुमक्कड़ों के तजर्बे से मालूम है कि यदि वह अपनी माँ के स्नेह और आँसुओं की चिन्ता करते, तो उनमें से एक भी घर से बाहर नहीं निकल सकता था। 15-20 वर्ष की आयु के तरुण जन के सामने ऐसी युक्तियाँ दी जाती हैं जो देखने में अकाट्य-सी मालूम होती हैं—"तुम कैसे कठोर-हृदय हो? माता के हृदय की ओर नहीं देखते? उसकी सारी आशाएँ तुम्हीं पर केन्द्रित हैं। जिसने नौ महीने कोख में रखा, अपने गीले में रह तुम्हें सूखे में सुलाया, वह माँ तुम्हारे चले जाने पर रो-रो के अन्धी हो जाएगी। तुम ही एक उसके अवलम्ब हो।" यह तर्क और उपदेश घुमक्कड़ के संकल्प तथा उत्साह पर हजारों घड़े पानी ही नहीं डाल देते, बल्कि उससे भी अधिक माँ की यहाँ वर्णित अवस्था उसके मन को निर्बल कर देती है। माता का स्नेह बड़ी अच्छी चीज है; अच्छी ही नहीं कह सकते हैं, उससे मधुर, सुन्दर और पवित्र स्नेह और सम्बन्ध हो ही नहीं सकता। माँ के उपकार सचमुच ही चुकाए नहीं जा सकते। किन्तु उनके चुकाने का यह ढंग नहीं है कि तरुण पुत्र माँ के अंचल में बैठ जाए, फिर कोख में प्रवेश कर पाँच महीने का गर्भ बन जाए। माँ के सारे उपकारों का प्रत्युपकार यही हो सकता है कि पुत्र अपनी माँ के नाम को उज्ज्वल करे, अपनी उज्ज्वल कृतियों और कीर्ति से उसका नाम चिरस्थायी करे। घुमक्कड़ ऐसा कर सकता है। कई माताएँ अपने यशस्वी घुमक्कड़ पुत्रों के कारण अमर हो गईं; घुमक्कड़-राज बुद्ध के 'मायादेवी सुत' के नाम ने अपनी माता माया को अमर किया। सुवर्णाक्षी-पुत्र अश्वघोष ने पूर्व भारत से गंधार तक घूमते, अपने काव्य और ज्ञान से लोगों के हृदयों को पुलकित, आलोकित करते साकेतवासिनी माता सुवर्णाक्षी का नाम अमर किया। माताएँ क्षुद्र तथा तुरन्त के स्वार्थ के कारण अपने भावी घुमक्कड़ पुत्र को नहीं समझ पातीं और चाहती हैं कि वह जन्म-कोठरी में, कम-से-कम उसकी जिन्दगी-भर बैठा रहे। साधारण अशिक्षित माता

ही नहीं, शिक्षित माताएँ भी इस बारे में बहुधा अपने को मूढ़ सिद्ध करती हैं और घुमक्कड़ी यज्ञ में बाधा बनती हैं। जो माताएँ कुछ समझने की शक्ति नहीं रखतीं, उनके पुत्रों से इतना ही कहना है कि आँख मूँदकर, आँख बचाकर घर से निकल पड़ो। पहला घाव पीड़ाप्रद होता है, माँ को जरूर दर्द होगा, लेकिन सारे जीवन-भर माताएँ रोती नहीं रहतीं। कुछ दिन रो-धोकर अपने ही आँखों के आँसू सूख जाएँगे, नेत्रों पर चढ़ी लाली दूर हो जाएगी। अगर माँ के पास एक से अधिक सन्तान है, तो वह दर्द और भी सह्य हो जाएगा। सचमुच जो भावी घुमक्कड़ एक पुत्रा माँ के बेटे नहीं हैं, उनको तो कुछ सोचना ही नहीं चाहिए। भला दो अंगुल तक ही देखने वाली माँ को कैसे समझाया जा सकता है?

शिक्षिता माताएँ भी अधीर देखी जाती हैं। एक माँ का लड़का मैट्रिक परीक्षा देकर घर से भाग गया। दो-तीन वर्ष से उसका पता नहीं है। माता यह कहकर मेरी सहानुभूति प्राप्त करना चाहती थी—"हम कितनी अच्छी तरह से उन्हें घर में रखती हैं, फिर भी यह लड़के हमें दुख देकर भाग जाते हैं!" मैंने घुमक्कड़-पुत्र की माता होने के लिए उन्हें बधाई दी—"पुत्रवती युवती जग सोई, जाकर पुत्र घुमक्कड़ होई।" आपकी छत्रच्छाया से दूर होने पर अब वह एक स्वावलम्बी पुरुष की तरह कहीं विचर रहा होगा। आपके तीन और बच्चे हैं। पति-पत्नी ने दो की जगह तीन व्यक्ति हमारे देश को दिये हैं। यह एक ही पीढ़ी में डेढ़ गुनी जनसंख्या की वृद्धि! सोचिए सूद-दर-सूद के साथ पीढ़ियों तक यदि यही बात रही, तो क्या भारत में पैर रखने का भी ठौर रह जाएगा?" मेरे तर्क को सुनकर महिला ने बाहर से तो क्षोभ नहीं प्रकट किया, यह उनकी भलमनसाहत समझिए, लेकिन उनको मेरी बातें अच्छी नहीं लगीं। अशिक्षित माता 'घुमक्कड़-शास्त्र' को क्या जानेगी? लेकिन, मुझे विश्वास है, शिक्षित माताएँ इसे पढ़कर मुझे कोसेंगी, शाप देंगी, नरक और कहाँ-कहाँ भेजेंगी। मैं उनके सभी शापों और दुर्वचनों को सिर-माथे रखने के लिए तैयार हूँ। मैं चाहता हूँ—इस शास्त्र को पढ़कर वर्तमान शताब्दी के अन्त तक कम-से-कम एक करोड़ माताएँ अपने लालों से वंचित हो जाएँ। इसके लिए जो भी पाप हो, प्रभु मसीह की भाँति उसको सिर पर उठाकर मैं सूली पर चढ़ने के लिए तैयार हूँ।

माता यदि शिक्षिता ही नहीं समझदार भी है, तो उसे समझना चाहिए कि पुत्र को घुटने चलने से पैरों पर चलने तक सिखला देने के बाद वह अपने कर्तव्य

का पालन कर लेती है। चिड़ियाँ अपने बच्चों को अंडे से बाहर कर पंख जमने के समय तक की जिम्मेदार होती हैं, उसके बाद पक्षिशावक अपनी ही विस्तृत दुनिया की उड़ान करने लगता है। कुछ माताएँ समझती हैं कि 15-16 वर्ष का बच्चा कैसे अपने पैरों पर खड़ा हो सकता है। उनको यह मालूम नहीं है कि मनुष्य के बच्चे के पास पक्षियों की अपेक्षा और भी अधिक साधन हैं। जाड़ों में साइबेरिया से हमारे यहाँ आई लालसर और कितनी ही दूसरी चिड़ियाँ अप्रैल में हिमालय की ओर लौटती दिखाई देती हैं। गर्मियों में तिब्बत के सरोवर वाले पहाड़ों पर वे अंडे देती हैं। इन अंडों को खाने का इस शरीर को भी सौभाग्य हुआ है। अंडे बच्चों में परिणत होते हैं। सयाने होने पर कितनी ही बार देखा जाता है कि नये बच्चे अलग ही जमात बनाकर उड़ते हैं। ये बच्चे बिना देखे मार्ग से नैसर्गिक बुद्धि के बल पर गर्मियों में उत्तराखंड में उड़ते बैकाल सरोवर तक पहुँचते हैं और जब वहाँ तापमान गिरने लगता है, हिमपात होना चाहता है, तो वह फिर अनदेखे रास्ते, अनदेखे देश भारत की ओर उड़ते, रास्ते में ठहरते यहाँ पहुँच जाते हैं। स्वावलम्बन ने ही उन्हें यह सारी शक्ति दी है। मनुष्य में परावलम्बी बनने की जो प्रवृत्ति शिक्षिता माता जागृत करना चाहती हैं; मैं समझता हूँ, उसकी शिक्षा बेकार है—

धिक् तां च तं च

अगर वह अच्छी माता है, दूरदर्शी माता है, तो उसको मूढ़माता न बन समझदार माता बनना चाहिए। जिस लड़के में घुमक्कड़ी का अंकुर दीख पड़े, उसे प्रोत्साहित करना चाहिए। घूमने की रुचि देखकर उसे क्षमता के अनुसार दो-चार सौ रुपये देकर कहना चाहिए—"बेटा, जा, दो-चार महीने सारे भारत की सैर कर आ।" मैं समझता हूँ, ऐसा करके वह फायदे में ही रहेगी। यदि उसका लड़का घुमक्कड़ी के योग्य नहीं है, तो घूम-फिरकर अपने खूँटे पर आ खड़ा हो जाएगा, उसकी झूठी प्यास बुझ जाएगी। यदि घुमक्कड़ी का बीज सचमुच ही उसमें है, तो वह ऐसी माता का दर्शन करने से कभी नहीं कतराएगा, क्योंकि वह जानता है कि उसकी माता कभी बन्धन नहीं बनेगी। माता को यह भी सोचना चाहिए कि तरुणाई में एक महान् उद्देश्य के लिए जिस सन्तान के प्रयाण करने में वह बाधक हो रही है, वही पुत्र बड़ा होने पर पत्नी के घर आने तथा कुछ सन्तानों के हो जाने पर,

क्या विश्वास है, माता के प्रति वही भाव रखेगा। सास-बहू का झगड़ा और पुत्र का बहू के पक्ष में होना कितना देखा जाता है? माता के लिए यही अच्छा है कि पुत्र के साधु-संकल्प में बाधक न हो, पुत्र के लिए यही अच्छा है कि दुराग्रही मूढ़ माता का बिलकुल खयाल न करके अपने को महान् पथ पर डाल दे।

पिता

माता के बाद पिता घुमक्कड़ी-संकल्प के तोड़ने का सबसे अधिक प्रयत्न करते हैं। यदि लड़का छोटा अर्थात् 15-16 वर्ष से कम का है, तो वह उसे छोटे-मोटे साहस करने पर डंडे के सहारे ठीक करना चाहते हैं। घुमक्कड़ी का अंकुर क्या डंडे से पीटकर नष्ट किया जा सकता है? कभी कोई पिता ताड़ना के बल पर सफल नहीं हुआ, तो भी नये पिता उसी हथियार को इस्तेमाल करते हैं। घुमक्कड़ तरुण के लिए अच्छा भी है, क्योंकि वह ऐसे पिता के प्रति अपनी सद्भावना खो बैठता है और आँख बचाकर निकल भागने में सफल होते ही उसे भूल जाता है। लेकिन सभी पिता ऐसे मूढ़ नहीं होते, मूढ़ भी दंड का प्रयोग पन्द्रह ही वर्ष तक करते हैं। उन्होंने शायद नीतिशास्त्र में पढ़ लिया होता है—

लालयेत पंच वर्षाणि दश वर्षाणि ताडयेत्।
प्राप्ते तु षोडशे वर्षे पुत्रे मित्रत्वमाचरेत्॥

पुत्र के भागने पर खोजने की दौड़-धूप पिता के ऊपर होती है, माँ बेचारी तो घर के भीतर ही रोती-धोती रह जाती है। कुछ चिन्ताएँ माता-पिता की समान होती हैं। चाहे और पुत्र मौजूद हों, तब भी एक पुत्र के भागने पर पिता समझता है, वंश निर्वंश हो जाएगा, हमारा नाम नहीं चलेगा। वंश-निर्वंश की बात देखनी है तो कोई भी व्यक्ति अपने गोत्र और जाति की संख्या गिन के देख ले, संख्या लाखों पर पहुँचेगी। सौ-पचास लोगों ने यदि अपना वंश न चला पाए, तो वंश-निर्वंश की बात कहाँ आती है? पुत्र के भाग जाने, संतति-वृद्धि न करने पर नाम बुझा जाएगा, यह भली कही। मैंने तो अच्छे पढ़े-लिखे लोगों से पूछकर देखा है, कोई परदादा के पिता का नाम नहीं बतला सकता। जब लोग अपनी चौथी पीढ़ी का नाम भूल जाते

हैं, तो नाम चलाने की बात मूढ़-धारणा नहीं तो क्या है? पुराने जमाने में 'अपुत्रस्य गतिर्नास्ति' भले ही ठीक रही हो, क्योंकि दो हजार वर्ष पहले हमारे देश में जंगल अधिक थे, आबादी कम थी, जंगल में हिंस्र पशु भरे हुए थे। उस समय मनुष्यों की कोशिश यही होती थी कि हम बहुत हो जाएँ, संख्या-बल से शत्रुओं को दबा सकें, अधिक भोग-सामग्री उपजा सकें। लेकिन आज संख्या-बल देश में इतना है कि और बढ़ने पर हमारे लिए वह काल होने जा रहा है। सोचिए, 1949 में हमारे यहाँ के लोगों को रूखा-सूखा खाना देने के लिए भी 40 लाख टन अनाज बाहर से मँगाने की आवश्यकता है। अभी तक तो लड़ाई के वक्त जमा हो गए पौंड और कुछ इधर-उधर करके पैसा दे अन्न खरीदते-मँगाते रहे, लेकिन अब यदि अनाज की उपज देश में नहीं बढ़ाते, तो पैसे के अभाव में बाहर से अन्न नहीं आएगा, फिर हम लाखों की संख्या में कुत्तों की मौत मरेंगे। एक तरफ यह भारी जनसंख्या परेशानी का कारण है, ऊपर से हर साल पचास लाख मुँह और बढ़ते—सूद-पर-सूद के साथ बढ़ते—जा रहे हैं। इस समय तो कहना चाहिए—'सपुत्रस्य गतिर्नास्ति'। आज जितने नर-नारी नया मुँह लाने से हाथ खींचते हैं, वह सभी परम पुण्य के भागी हैं। पुण्य पर विश्वास न हो तो श्रद्धा-सम्मान के भागी हैं। वह देश का भार उतारते हैं। हमें आशा है, समझदार पिता पुत्रोत्पत्ति करके पितृऋण से उऋण होने की कोशिश नहीं करेंगे। उन्हें पिंडदान के बिना नरक में जाने की चिन्ता नहीं करनी चाहिए, क्योंकि स्वर्ग-नरक जिस सुमेरु-पर्वत के शिखर और पाताल में थे, आज के भूगोल ने उस भूगोल ही को झूठा साबित कर दिया है। उसको यदि यश और नाम का खयाल है, तो हो सकता है उनका घुमक्कड़ पुत्र उसे देने में समर्थ हो। पिता का प्रेम और उसके प्रति श्रद्धा सदा उनके पास रहने से ही नहीं होती, बल्कि सदा पिता के साथ रहने पर तो पिता-पुत्र का मधुर सम्बन्ध फीका होते-होते कितनी ही बार कटु रूप धारण कर लेता है। पिता के लिए यही अच्छा है कि पुत्र के संकल्प में बाधक न हो, और न बुढ़ापे की बड़ी-बड़ी आशाओं के विफल होने के खयाल से हाय-तोबा करे। आखिर तरुण पुत्र भी मर जाते हैं, तब पिता को कैसे सहारा मिलता है? महान् लक्ष्य को लेकर चलने वाले पुत्र को दुराग्रही पिता की कोई परवाह नहीं करनी चाहिए और सब छोड़कर घर से भाग जाना चाहिए।

घुमक्कड़ी के पथ पर पैर रखने वालों के सामने का जंजाल इतने तक ही

सीमित नहीं है। शारदा-कानून के बनने पर भी उसे ताक पर रखकर लोगों ने अपने बच्चों का ब्याह किया है। कभी-कभी ऐसा भी देखने में आएगा कि 15-16 वर्ष का घुमक्कड़ जब अपने पथ पर पैर रखना चाहता है, तो उसके पैरों में किसी लड़की की बेड़ी बाँध रखी गई होती है। ऐसी गैर-कानूनी बेड़ी को तोड़ फेंकने का हरेक को अधिकार है। फिर लोगों का कहना बकवास है—"तुम्हारे चले जाने पर स्त्री क्या करेगी?" हमारे नये संविधान में 21 वर्ष के बाद आदमी को मत देने का अधिकार माना गया है, अर्थात् 21 वर्ष से पहले तक अपने भले-बुरे की बात वह नहीं समझता, न अपनी जिम्मेवारी को ठीक से पहचान सकता है। जब यह बात है, तो 21 साल से पहले तरुण या तरुणी पर उसके ब्याह की जिम्मेवारी नहीं होती। ऐसे ब्याह को न्याय और बुद्धि गैर-कानूनी मानती है। तरुण या तरुणी को ऐसे बन्धन की जरा भी परवाह नहीं करनी चाहिए। यह कहने पर फिर कहा जाएगा—"जिम्मेवारी न सही, लेकिन अब तो वह तुम्हारे साथ बँध गई है, तुम्हारे छोड़ने पर किस घाट लगेगी?" यह फंदा भारी है, यहाँ मस्तिष्क से नहीं दिल से अपील की जा रही है। दया दिखलाने के लिए मक्खी की तरह गुड़ पर बैठकर सदा के लिए पंखों को कटवा दो। दुनिया में दुख है, चिन्ताएँ हैं, उन्हें जड़ से न काटकर पत्तों में पानी डाल वृक्ष को हरा नहीं किया जा सकता। यदि सयानों ने जिम्मेवारी नहीं समझी और एक अबोध व्यक्ति को फंदे में फँसा दिया, तो यह आशा रखनी कहाँ तक उचित है कि शिकार फंदे को उसी तरह पैर में डाले पड़ा रहेगा। घुमक्कड़ यदि ऐसी मिथ्या परिणीता को छोड़ता है, तो वह घर और सम्पत्ति को तो कन्धे पर उठाये नहीं ले जाता। जिसने अपनी लड़की दी है, उसने पहले व्यक्ति का नहीं, घर का खयाल करके ही ब्याह किया था। घर वहाँ मौजूद है, रहे वहाँ पर। यदि वह समझती है कि उस पर अन्याय हुआ है, तो समाज से बदला लेती; वह अपना रास्ता लेने के लिए स्वतंत्र है। पुराने समय में विवाह-विच्छेद का नियम था, पति के गुम होने के तीन वर्ष बाद स्त्री फिर से विवाह कर सकती थी, आज भी सत्तर सैकड़ा हिन्दू करते हैं। हिन्दू-कोड-बिल में यह बात रखी गई है जिस पर सारे पुरान-पंथी हाय-तोबा मचा रहे हैं। अच्छी बात है, विवाह-विच्छेद न माना जाए, घर में ही बैठा रखो। करोड़ों की संख्या में वयस्क विधवाएँ मौजूद ही हैं, यदि घुमक्कड़ी के कारण कुछ हजार और बढ़ जाती हैं, तो कौन-सा आसमान टूट जाएगा? बल्कि उससे तो कहना होगा

कि विधवा के रूप में या परिव्रजित की स्त्री के रूप में जितनी ही अधिक स्त्रियाँ सन्तान-वृद्धि रोकें, उतना ही देश का कल्याण है। घुमक्कड़, होश या बेहोश, किसी भी अवस्था में ब्याही पत्नी को छोड़ जाता है, तो उससे राष्ट्रीय दृष्टि से कोई हानि नहीं, बल्कि लाभ है।

पत्नी से प्रेम रहने पर दुविधा में पड़े घुमक्कड़ तरुण के मन में खयाल आ सकता है—अखंड ब्रह्मचर्य के द्वारा सूर्यमंडल बेधकर ब्रह्मलोक जीतने का मेरा मंसूबा नहीं, फिर ऐसी प्रिया पत्नी को छोड़ने से क्या फायदा? इसका अर्थ हुआ—न छोड़ने में फायदा होगा। विशेष अवस्था में चतुष्पाद होना—स्त्री-पुरुष का साथ रहना—घुमक्कड़ी में भारी बाधा नहीं उपस्थित करता, लेकिन मुश्किल है कि आप चतुष्पाद तक ही अपने को सीमित नहीं रख सकते। चतुष्पाद से षटपद, अष्टपद और बहुपद तक पहुँचकर रहेंगे। हाँ, यदि घुमक्कड़ की पत्नी भी सौभाग्य से उन्हीं भावनाओं को रखती है, दोनों पुत्रैषणा से विरत हैं, तो मैं कहूँगा—"कोई परवाह नहीं, एक न शुद, दो शुद।" लेकिन अब एक ही जगह दो का बोझा होगा। साथ रहने पर भी दोनों को अपने पैरों पर चलना होगा, न कि एक-दूसरे के कन्धे पर। साथ ही यह भी निश्चय कर रखना होगा कि यात्रा में आगे जाने पर कहीं यदि एक ने दूसरे के अग्रसर होने में बाधा डाली तो—"मन माने तो मेला नहीं तो सबसे भला अकेला।" लेकिन ऐसा बहुत कम होगा जब कि घुमक्कड़ होने योग्य व्यक्ति चतुष्पाद भी हों।

बन्धु-बान्धवों के स्नेह-बन्धन के बारे में भी वही बात है। हजारों तरह की जिम्मेवारियों के बारे में इतना ही समझ लेना चाहिए कि घुमक्कड़-पथ सबसे परे, सबसे ऊपर है। इसीलिए—"निस्त्रैगुण्ये पथि विचरतः को विधिः को निषेधः" को फिर यहाँ दुहराना होगा।

बाहरी जंजालों के अतिरिक्त एक भीतरी भारी जंजाल है—मन की निर्बलता। आरम्भ में घुमक्कड़ी-पथ पर चलने की इच्छा रखने वाले को अनजान रास्ता होने से कुछ भय लगता है। आस्तिक होने पर तो यह भी मन में आता है—

का चिन्ता मम जीवने यदि हरिर्विश्वम्भरो गीयते।

(विश्व का भरण करने वाला मौजूद है, तो जीवन की क्या चिन्ता?) कितने

ही घुमक्कड़ों ने विश्वम्भर के बल पर अँधेरे में छलाँग मारी, लेकिन मेधावी और प्रथम श्रेणी के तरुणों में ऐसे कितने ही होंगे जो विश्वम्भर पर अन्धाधुन्ध विश्वास नहीं रखते। तो भी, मैं अपने अनुभव से कह सकता हूँ कि अँधेरे में छलाँग मारने से जरा भी भय नहीं खाना चाहिए। आदमी हर रोज ऐसी छलाँग मार रहा है। दिल्ली और कलकत्ता की सड़कों पर कितने आदमी हर साल मोटर और ट्राम के नीचे मरते हैं? उसे देखकर कहना ही होगा कि अपने घर से सड़क पर निकलना अँधेरे में कूदना ही है। घर के भीतर ही क्या ठिकाना है? भूकम्प में हजारों बलिदान घर की छतें और दीवारें लेती हैं। रेल चढ़ने वाले रेल-दुर्घटनाओं के कारण क्या यात्रा करना छोड़ देते हैं?

उस दिन सिलीगुड़ी से कलकत्ता विमान द्वारा जाने की बात सुनकर मेरे साथ मोटर में यात्रा करते सज्जन ने कहा—"मेरी भी इच्छा तो करती है, किन्तु डर लगता है।" मैंने कहा—"डर काहे का? विमान से गिरने वाले योगी की मौत मरते हैं, कोई अंग-भंग होकर जीने के लिए नहीं बचता, और मृत्यु बात-की-बात हो जाती है।" मेरे साथी योगी की मृत्यु के लिए तैयार नहीं थे। फिर मैंने बतलाया—"क्या सभी विमान गिरने से मर जाते हैं? मरने वालों की संख्या बहुत कम, शायद एक लाख में एक होती है। जब एक लाख में एक को ही मरने की नौबत आती है, तो आप 99,999 को छोड़ क्यों एक के साथ रहना चाहते हैं?" बात काम कर गई और बागडोगरा के अड्डे से हम दोनों एक ही साथ उड़कर पौने दो घंटे में कलकत्ता पहुँच गए। विमान पर बगल की खिड़की से दुनिया देखने पर संतोष न कर उन्होंने यह भी कोशिश की कि वैमानिक के पास जाकर देखा जाए। विमान में चढ़ने के बाद उनका भय न जाने कहाँ चला गया? इसी तरह घुमक्कड़ी के पथ पर पैर रखने से पहले दिल का भय अनुभवहीनता के कारण होता है। घर छोड़कर भागने वाले लाखों में एक मुश्किल से मिलेगा जिसे भोजन के बिना मरना पड़ा हो। कभी कष्ट भी हो जाता है, 'परदेश कलेश नरेशहु को', किन्तु वह तो घुमक्कड़ी-रसोई में नमक का काम देता है। घुमक्कड़ को यह समझ लेना चाहिए कि उसका रास्ता चाहे फूलों का न हो, और फूल का रास्ता भी क्या कोई रास्ता है, किन्तु उसे अवलम्ब देने वाले हाथ हर जगह मौजूद हैं। ये हाथ विश्वम्भर के नहीं, मानवता के हाथ हैं। मानव की आजकल की स्वार्थपूर्ण प्रवृत्तियों को देखकर लोग निराशावाद का प्रचार

करने लगे हैं, लेकिन यह मानव की मानवता ही है जो विश्वभर बनकर अपरिचित अजनबी परदेशी की सहायता करने को तैयार हो जाती है। बल्कि आदमी जितना ही अधिक अपरिचित होता है, उसके प्रति उतनी ही अधिक सहानुभूति होती है। यदि भाषा नहीं समझता, तो वहाँ के आदमी उसकी हर तरह से सहायता करना अपना कर्तव्य समझने लगते हैं। सचमुच हमारी यह भूल है यदि हम अपने जीवन को अत्यन्त भंगुर समझ लेते हैं। मनुष्य का जीवन सबसे अधिक दुर्भर है। समुद्र में पोतभग्न होने पर टूटे फलक को लेकर लोग बच जाते हैं, कितनों की सहायता के लिए पोत पहुँच जाते हैं। घोर जंगल में भी मनुष्य की सहायता के लिए अपनी बुद्धि के अतिरिक्त भी दूसरे हाथ आ पहुँचते हैं। वस्तुतः मानवता की जितनी उन्नति हुई है, उसके कारण मनुष्य के लिए प्राण-संकट की नौबत मुश्किल से आती है। आप अपना शहर छोड़िए, हजारों शहर आपको अपनाने को तैयार मिलेंगे। आप अपना गाँव छोड़िए, हजारों गाँव स्वागत के लिए तत्पर मिलेंगे। एक मित्र और बन्धु की जगह हजारों बन्धु-बान्धव आपके आने की प्रतीक्षा कर रहे हैं। आप एकाकी नहीं हैं। यहाँ फिर मैं हजार असत्य और दो-चार सत्य बोलने वाली गीता के श्लोक को उद्धृत करूँगा—

क्षुद्रं हृदयदौर्बल्यं त्यक्त्वोत्तिष्ठ परन्तप।

तुम अपने हृदय की दुर्बलता को छोड़ो, फिर दुनिया की विजय कर सकते हो, उसके किसी भी भाग में जा सकते हो, बिना पैसा-कौड़ी के जा सकते हो; केवल साहस की आवश्यकता है, बाहर निकलने की आवश्यकता है और वीर की तरह मृत्यु पर हँसने की आवश्यकता है। मृत्यु ही आ गई तो कौन बड़ी बात हो गई? वह कहीं भी आ सकती थी। मनुष्य को कभी-कभी कष्ट का भी सामना करना पड़ता है, लेकिन जो सिंह का शिकार करने चला है, अगर वह डरता रहे, तो उसे आगे बढ़ने की क्या आवश्यकता थी? यदि भावी घुमक्कड़ आयु में और अनुभव में भी कम है, तो वह पहले छोटी-छोटी उड़ान भर सकता है। नये पंख वाले बच्चे छोटी ही भरते हैं।

आरम्भिक उड़ानों में, मैं नहीं कहूँगा कि यदि कुछ पैसा घर से मिल सकता हो, तो वैराग्य के मद में चूर हो उसे काक-विष्टा समझकर छोड़कर चल दें। गाँठ

का पैसा अपना महत्त्व रखता है, इसीलिए वह किसी तरह अगर घर में से मिल जाए, तो कुछ ले लेने में हरज नहीं है। पिता-माता का सौ-पचास रुपया ले लेना किसी धर्मशास्त्र में चोरी नहीं कही जाएगी और होशियार तरुण कितनी ही सावधानी से रखे पैसे में से कुछ प्राप्त कर ही लेते हैं। आखिर जो सारी सम्पत्ति से त्यागपत्र दे रहा है, उसके लिए उनमें से थोड़ा-सा ले लेना कौन से अपराध की बात है? लेकिन यह समझ लेना चाहिए कि घर के पैसे के बल पर प्रथम या दूसरी श्रेणी का घुमक्कड़ नहीं बना जा सकता। घुमक्कड़ को जेब पर नहीं, अपनी बुद्धि, बाहु और साहस का भरोसा रखना चाहिए। घर का पैसा कितने दिनों तक चलेगा? अन्त में तो फिर अपनी बुद्धि और बल पर भरोसा रखना होगा।

विद्या और वय

यदि सारा भारत घर-बार छोड़कर घुमक्कड़ हो जाए, तो भी चिन्ता की बात नहीं है। लेकिन घुमक्कड़ी एक सम्मानित नाम और पद है। उसमें, विशेषकर प्रथम श्रेणी के घुमक्कड़ों में सभी तरह के ऐरे-गैरे पंच-कल्याणी नहीं शामिल किये जा सकते। हमारे कितने ही पाठक पहले के अध्यायों को पढ़कर बहुत प्रसन्न हुए होंगे और सोचते होंगे—"चलो पढ़ने-लिखने से छुट्टी मिली। बस कुछ नहीं करना है, निकल चलें, फिर दुनिया में कोई रास्ता निकल ही आएगा।" मुझे सन्देह है कि इतने हल्के दिल से घुमक्कड़-पथ पर जो आरूढ़ होंगे, वह न घर के होंगे न घाट के, न किसी उच्चादर्श पालन में समर्थ होंगे। किसी योग्य पद के लिए कुछ साधनों की आवश्यकता होती है। मैं यह बतला चुका हूँ कि घुमक्कड़-पथ पर चलने के लिए बालक भी अधिकारी हो सकता है, नव तरुणों और तरुणियों की तो बात ही क्या? लेकिन हरेक बालक का ऐसा प्रयास सफलता की कोई गारन्टी नहीं रखता। घुमक्कड़ को समाज पर भार बनकर नहीं रहना है। उसे आशा होगी कि समाज और विश्व के हरेक देश के लोग उसकी सहायता करेंगे, लेकिन उसका काम आराम से भिखमंगी करना नहीं है। उसे दुनिया से जितना लेना है, उससे सौ गुना अधिक देना है। जो इस दृष्टि से घर छोड़ता है, वही सफल और यशस्वी घुमक्कड़ बन सकता है। हाँ ठीक है, घुमक्कड़ी का बीज आरम्भ में भी बोया जा सकता है। इस पुस्तक को पढ़ने-समझने वाले बालक-बालिकाएँ बारह

वर्ष से कम के तो शायद ही हो सकते हैं। हमारे बारह-तेरह साल के पाठक इस शास्त्र को खूब ध्यान से पढ़ें, संकल्प पक्का करें, लेकिन उसी अवस्था में यदि घर छोड़ने के लोभ का संवरण कर सकें तो बहुत अच्छा होगा। वह इससे घाटे में नहीं रहेंगे।

मेरे छोटे पाठक उपर्युक्त पंक्तियों को पढ़कर मुझ पर सन्देह करने लगेंगे और कहेंगे कि मैं उनके माता-पिता का गुप्तचर बन गया हूँ और उनकी उत्सुकता को दबाकर पीछे खींचना चाहता हूँ। इसके बारे में मैं यही कहूँगा कि यह मेरे ऊपर अन्याय ही नहीं है, बल्कि उनके लिए भी हितकर नहीं है। मैं नौ साल से अधिक का नहीं था जब अपने गाँव से पहले-पहल बनारस पहुँचा था। मुझे अँगुली पकड़कर मेरे चचा गंगा ले जाते थे। मैं इसे अपमान समझता था और खुलकर अकेले बनारस के कुछ भागों को देखना और अपने मन की पुस्तकें खरीदना चाहता था। मैंने एक दिन आँख बचाकर अपना मंसूबा पूरा करना चाहा, दो या तीन मील का चक्कर लगाया। नौ वर्ष के बालक का एक बहुत छोटे गाँव से आकर एकदम बनारस की गलियों में घूमना भय की बात थी, इसमें सन्देह नहीं; लेकिन मुझे उस समय नहीं मालूम था कि घुमक्कड़ी का अन्तर्हित बीज इस रूप में अपने प्रथम प्राकट्य को दिखला रहा है। अगली उड़ान तो बड़ी उड़ानों में प्रथम थी, चौदह वर्ष में हुई, यद्यपि अनन्य रूप से घुमक्कड़-धर्म की सेवा का सौभाग्य मुझे 16 वर्ष की उम्र से मिला। मैं अपने पाठकों को मना नहीं करता यदि वह मेरा अनुकरण करें, किन्तु मैं अपने तजर्बे से उन्हें वंचित नहीं करना चाहता। कुछ बातें यदि पहले ही ठीक कर ली जाएँ, तो आदमी के जीवन के बारह वर्ष का काम दो बरस में हो सकता है। मैं यह नहीं कहता कि दो वर्ष के काम के लिए बारह वर्ष घूमना बिलकुल बेकार है, किसी-किसी के लिए उसका भी महत्त्व हो सकता है, लेकिन सभी बातों पर विचार करने पर ठीक यही मालूम पड़ता है कि घुमक्कड़ को संकल्प तो किसी आयु में पक्का कर लेना चाहिए, समय-समय पर सामने आते बन्धनों को काटते रहना चाहिए, किन्तु पूरी तैयारी के बाद ही घुमक्कड़ बनने के लिए निकल पड़ना चाहिए। इसका अर्थ यह है कि मन को पहले रँग लेना चाहिए, शरीर पर रंग चढ़ाने में यदि थोड़ी देर हो तो उससे घबड़ाना नहीं चाहिए। ठीक है, मैं ऐसी भी सलाह नहीं देता, जैसी कि मुरादाबाद के एक सेठ की योजना में थी। उनकी बड़ी आराम

की जिन्दगी थी, गर्मियों में खस की टट्टी और पंखे के नीचे दुनिया का ताप क्या मालूम हो सकता था? लेकिन देखा-देखी 'योग' करने की साध लग गई थी। वह चाहते थे कि निकलकर दुनिया में बिचरें। उन्होंने दस दरियाई नारियल के कमंडलु भी मँगवा लिये थे। कहते थे—धीरे-धीरे जब दस आदमी यहाँ आ जाएँगे, तब हम बाहर निकलेंगे। न जाने कितने सालों के बाद मैं उन्हें मिला था। मेरे में उतना धैर्य नहीं था कि बाकी आठ आदमियों के आने की प्रतीक्षा करता। घुमक्कड़ की अधीरता को मैं पसन्द करता हूँ। यह अधीरता ऐसी शक्ति है जो मजबूत-से-मजबूत बन्धनों को काटने में सहायक होती है।

पाठक कहेंगे, तब हमें रोकने की क्या आवश्यकता? क्यों नहीं—

यदहरेव विरजेत् तदहरेव प्रव्रजेत्।

(जिस दिन ही मन उचटे, उसी दिन निकल पड़ना चाहिए)।

इसके उत्तर में मैं कहूँगा—यदि आप तीसरी-चौथी-पाँचवीं-छठी श्रेणी के ही घुमक्कड़ बनना चाहते हैं, तो खुशी से ऐसा कर सकते हैं। लेकिन मैं चाहता हूँ कि आप प्रथम और द्वितीय श्रेणी के घुमक्कड़ बनें, इसलिए मन को रँगकर निकलने से पहले थोड़ी तैयारी कर लें। घुमक्कड़ी जीवन के लिए पहला कदम है, अपने भावी जीवन के सम्बन्ध में पक्का संकल्प कर डालना। इसको जितना ही जल्दी कर लें, उतना ही अच्छा। बारह से चौदह साल तक की उम्र तक में ऐसा संकल्प अवश्य हो जाना चाहिए। बारह से पहले बहुत कम को अपेक्षित ज्ञान और अनुभव होता है जिसके बल पर कि वह अपने प्रोग्राम को पक्का कर सके। लेकिन बारह और चौदह का समय ऐसा है जिसमें बुद्धि रखने वाले बालक एक निश्चय पर पहुँच सकते हैं। प्रथम श्रेणी के घुमक्कड़ के लिए मेधावी होना आवश्यक है। मैं चाहता हूँ, घुमक्कड़-पथ के अनुयायी प्रथम श्रेणी के मस्तिष्क वाले तरुण और तरुणियाँ बनें। वैसे अगली श्रेणियों के घुमक्कड़ों से भी समाज को फायदा है, यह मैं बतला चुका हूँ। 12-14 की आयु में मानसिक दीक्षा लेकर मामूली सैर-सपाटे के बहाने कुछ इधर-उधर छोटी-मोटी कुदान करते रहना चाहिए।

कौन समय है जबकि तरुण को महाभिनिष्क्रमण करना चाहिए? मैं समझता हूँ, इसके लिए कम-से-कम आयु 16-18 की होनी चाहिए और कम-से-कम पढ़ने

की योग्यता मैट्रिक या उसके आसपास वाली दूसरी तरह की पढ़ाई। मैट्रिक से मेरा मतलब खास परीक्षा से नहीं है, बल्कि उतना पढ़ने में जितना साधारण साहित्य, इतिहास, भूगोल और गणित का ज्ञान होता है, घुमक्कड़ी के लिए वह अल्पतम आवश्यक ज्ञान है। मैं चाहता हूँ कि एक बार चल देने पर फिर आदमी को बीच में मामूली ज्ञान के अर्जन की फिक्र में रुकना नहीं पड़े।

घर छोड़ने के लिए कम-से-कम आयु 16-18 है, अधिक-से-अधिक आयु मैं 23-24 मानता हूँ। 24 तक घर से निकल जाना चाहिए, नहीं तो आदमी पर बहुत-से कुसंस्कार पड़ने लगते हैं, उसकी बुद्धि मलिन होने लगती है, मन संकीर्ण होने लगता है, शरीर को परिश्रमी बनाने का मौका हाथ से निकलने लगता है, भाषाएँ सीखने में सबसे उपयोगी आयु के कितने ही बहुमूल्य वर्ष हाथ से चले जाते हैं। इस तरह 16 से 24 साल की आयु वह आयु है जबकि महाभिनिष्क्रमण करना चाहिए। इनमें दोनों के बीच के आठ वर्ष की आधी, अर्थात् 20 वर्ष की आयु को आदर्श माना जा सकता है। इसका अर्थ यह है कि अल्पतम अवसर के बाद भी आदमी चार वर्ष और अपने पर जोर डालकर अपनी शिक्षा में लगा रहे। याद रखना चाहिए, प्रथम श्रेणी का घुमक्कड़ कवि, लेखक या कलाकार के रूप में संसार के सामने आता है। कवि, लेखक और कलाकार यदि ज्ञान में टुटपुँजिये हों, तो उनकी कृतियों में गम्भीरता नहीं आ सकती। अल्पश्रुत व्यक्ति देखी जाने वाली चीजों की गहराई में नहीं उतर सकते। पहले दृढ़ संकल्प कर लेने पर फिर आगे की पढ़ाई जारी रखते आदमी को यह भी पता लगाना चाहिए कि उसकी स्वाभाविक रुचि किस तरफ अधिक है, फिर उसी के अनुकूल पाठ्य-विषय चुनना चाहिए। मैट्रिक की शिक्षा मैंने कम-से-कम बतलाई और अब उसमें चार साल और जोड़ रहा हूँ, इससे पाठक समझ गए होंगे कि मैं उन्हें विश्वविद्यालय का स्नातक (बी.ए.) हो जाने का परामर्श दे रहा हूँ। यह अनुमान गलत नहीं है। मेरे पाठक फिर मुझसे नाराज हुए बिना नहीं रहेंगे। वह धीरज खोने लगेंगे। लेकिन उनके इस क्षणिक रोष से मैं सच्ची और उनके हित की बात बताने से बाज नहीं आ सकता। जिस व्यक्ति में महान् घुमक्कड़ का अंकुर है, उसे चाहे कुछ साल भटकना ही पड़े, किन्तु किसी आयु में भी निकलकर वह रास्ता बना लेगा। इसलिए मैं अधीर तरुणों के रास्ते में रुकावट डालना नहीं चाहता। लेकिन 40 साल की घुमक्कड़ी के तजर्बे ने मुझे बतलाया है

कि यदि तैयारी के समय को थोड़ा पहले ही बढ़ा दिया जाए, तो आदमी आगे बड़े लाभ में रहता है। मैंने पुस्तकें लिखते वक्त सदा अपनी भोगी कठिनाइयों का स्मरण रखा। मुझे सन् 1916 से 1932 तक के सोलह वर्ष लगाकर जितना बौद्ध-धर्म का ज्ञान मिला, मैंने एक दर्जन ग्रन्थों को लिखकर ऐसा रास्ता बना दिया है कि दूसरे सोलह वर्षों में प्राप्त ज्ञान को तीन-चार वर्ष में अर्जित कर सकते हैं। यदि यह रास्ता पहले तैयार रहता, तो मुझे कितना लाभ हुआ होता? जैसे यहाँ यह विद्या की बात है, वैसे ही घुमक्कड़ी के साधनों के संग्रह में बिना तजर्बे वाले आदमी के बहुत-से वर्ष लग जाते हैं। आपने 12-14 वर्ष की आयु में दृढ़ संकल्प कर लिया, सोलह वर्ष की आयु में मैट्रिक तक पढ़कर आवश्यक साधारण विषयों का ज्ञान प्राप्त कर लिया है। आप दुनिया के नक्शे से वाकिफ हैं, भूगोल का ज्ञान रखते हैं; दुनिया के देशों से बिलकुल अपरिचित नहीं हैं।

जब आपने संकल्प कर लिया है, तो अगले चार-पाँच साल में अपने आसपास के पुस्तकालयों या अपने स्कूल की लाइब्रेरी में जितनी भी यात्रा-पुस्तकें और जीवनियाँ मिलती हों, उन्हें जरूर पढ़ा होगा। अच्छे उपन्यास-कहानी घुमक्कड़ की प्रिय वस्तु हैं, लेकिन उसकी सबसे प्रिय वस्तु है यात्राएँ। आजकल के भारतीय यात्रियों की पुस्तकें आपने अवश्य पढ़ी होंगी, फिर पुराने-नये सभी देशी-विदेशी यात्रियों की यात्राएँ आपके लिए बहुत रुचिकर प्रतीत हुई होंगी। प्राचीन और आधुनिक देशी-विदेशी सभी घुमक्कड़ एक परिवार के सगे भाई हैं। उनके ज्ञान को पहले अर्जित कर लेना तरुण के लिए बहुत बड़ा संबल है। मैट्रिक होते-होते आदमी को यात्रा-सम्बन्धी डेढ़-दो सौ पुस्तकें तो अवश्य पढ़ डालनी चाहिए।

घुमक्कड़ को भिन्न-भिन्न भाषाओं का ज्ञान अपनी यात्रा में प्राप्त करना पड़ता है। कुछ भाषाएँ तो 16 वर्ष की उम्र तक भी पढ़ी जा सकती हैं। हिन्दी वालों को बँगला और गुजराती का पढ़ना दो महीने की बात है। अंग्रेजी अभी हमारे विद्यालयों में अनिवार्य रूप से पढ़ाई जा रही है, इसलिए अंग्रेजी पुस्तकें पढ़ने का सुभीता भी मौजूद है। लेकिन दस-पन्द्रह वर्ष बाद यह सुभीता नहीं रहेगा, क्योंकि अंग्रेजी-संरक्षक श्वेतकेश वृद्ध नेता तब तक परलोक सिधार गए होंगे। लेकिन उस समय भी घुमक्कड़ अपने को अंग्रेजी या दूसरी भाषा पढ़ने से मुक्त नहीं रख सकता। पृथ्वी के चारों कोनों में भाषा की दिक्कत के बिना घूमने के लिए अंग्रेजी, रूसी, चीनी और फ्रेंच

इन चार भाषाओं का कामचलाऊ ज्ञान आवश्यक है, नहीं तो जिस भाषा का ज्ञान नहीं रहेगा, उस देश की यात्रा अधिक आनन्ददायक और शिक्षाप्रद नहीं हो सकेगी।

मैट्रिक के बाद अपनी आगे की तैयारी के लिए चार साल यात्रा को स्थगित रखकर आदमी को क्या करना चाहिए? घुमक्कड़ के लिए भूगोल और नक्शे का ज्ञान अत्यन्त आवश्यक है? मैट्रिक तक भूगोल और नक्शे का जो ज्ञान हुआ है, वह पर्याप्त नहीं है। आपको नई-पुरानी कोई भी यात्रा-पुस्तक को पढ़ते समय नक्शे को देखते रहना चाहिए। केवल नक्शा देखना पर्याप्त नहीं है, क्योंकि उसमें उन्नतांश और ग्लेशियर आदि का चिह्न होने पर भी उससे आपको ठीक पता नहीं लगेगा कि जाड़ों में वहाँ की भूमि कैसी रहती होगी। नक्शे में लेनिनग्राड को देखने वाला नहीं समझेगा कि वहाँ जाड़ों में तापमान हिमबिन्दु से 45-50 डिग्री (24-30 सेंटीग्रेड) तक गिर जाता है। हिमबिन्दु से 45-50 डिग्री नीचे जाने का भी भूगोल की साधारण पुस्तकों से अनुमान नहीं हो सकता। हमारे पाठक जो हिमालय के 60,000 फुट से ऊपर की जगहों में जाड़ों में नहीं गए, हिमबिन्दु का भी अनुमान नहीं कर सकते। यदि कुछ मिनट तक अपने हाथों में सेर-भर बर्फ का डला रखने की कोशिश करें, तो आप उसका कुछ-कुछ अनुमान कर सकते हैं। लेकिन घुमक्कड़ तरुण को घर से निकलने से पहले भिन्न जलवायु की छोटी-मोटी यात्रा करके देख लेना चाहिए। यदि आप जनवरी में शिमला और नैनीताल को देख आए हैं, तो आप स्वेन-चङ् या फाहियान की तुषार-देश की यात्राओं के वर्णन का साक्षात्कार कर सकते हैं, तभी आप लेनिनग्राड की हिमबिन्दु से 45-50 डिग्री नीचे की सर्दी का भी कुछ अनुमान कर सकते हैं। इस प्रकार तरुण यह जानकर प्रसन्न होंगे कि मैं तैयारी के समय में भी छोटी-छोटी यात्राओं के करने का जोर से समर्थन करता हूँ।

भूगोल और इतिहास के साथ-साथ विद्यार्थी अब यात्रा-सम्बन्धी दूसरे साहित्य का भी अध्ययन कर सकता है। कालेज में अध्ययन के समय उसे लेखनी चलाने का भी अभ्यास करना चाहिए। यह ऐसी आयु है जबकि हरेक जीवट वाले तरुण-तरुणी में कविता करने की स्वाभाविक प्रेरणा होती है, कथा-कहानी का लेखक बनने की मन में उमंग उठती है। इससे लाभ उठाकर हमारे तरुण को अधिक-से-अधिक पृष्ठ काले करने चाहिए, लेकिन यदि वह अपनी कृतियों को प्रकाश में लाने के लिए उतावला न हो, तो अच्छा है। समय से पहले लेख और कविता का पत्रों में

प्रकाशित हो जाना आदमी के हर्ष को तो बढ़ाता है, लेकिन कितनी ही बार यह खतरे की चीज होती है। कितने ही ऐसे प्रतिभाशाली तरुण देखे गए हैं जिनका भविष्य समय से पहले ख्याति मिल जाने के कारण खतम हो गया। चार सुन्दर कविताएँ बन गईं, फिर ख्याति तो मिलनी ही ठहरी और कवि-सम्मेलनों में बार-बार पढ़ने का आग्रह भी होना ही ठहरा। आज की पीढ़ी में भी कुछ ऐसे तरुण हैं जिन्हें जल्दी की प्रसिद्धि ने किसी लायक नहीं रखा। अब उनका मन नवसृजन की ओर जाता ही नहीं। किसी नये नगर के कवि-सम्मेलन में जाने पर उनकी पुरानी कविता के ऊपर प्रचंड करतल-ध्वनि होगी ही, फिर मन क्यों एकाग्र हो नवसृजन में लगेगा? घुमक्कड़ को इतनी सस्ती कीर्ति नहीं चाहिए, उसका जीवन तालियों की गूँज के लिए लालायित होने के लिए नहीं है, न उसे दो-चार वर्षों तक सेवा करके पेंशन लेकर बैठना है। घुमक्कड़ी का रोग तपेदिक के रोग से कम नहीं है, वह जीवन के साथ ही जाता है, वहाँ किसी को अवकाश या पेंशन नहीं मिलती।

साहित्य और दूसरी जिन चीजों की घुमक्कड़ों को आवश्यकता है, उनके बारे में आगे हम और भी कहने वाले हैं। यहाँ विशेष तौर से हम तरुणों का ध्यान शारीरिक तैयारी की ओर आकृष्ट करना चाहते हैं। घुमक्कड़ का शरीर हरगिज पान-फूल की तरह नहीं होना चाहिए। जैसे उसका मन और साहस फौलाद की तरह है, उसी तरह शरीर भी फौलाद का होना चाहिए। घुमक्कड़ को पोत, रेल और विमान की यात्रा वर्जित नहीं है, किन्तु इन्हीं तीनों तक सीमित रखकर कोई प्रथम श्रेणी क्या दूसरी श्रेणी का भी घुमक्कड़ नहीं बन सकता। उसे ऐसे स्थानों की यात्रा करनी पड़ेगी जहाँ इन यात्रा-साधनों का पता नहीं होगा। कहीं बैलगाड़ी या खच्चर मिल जाएँगे, लेकिन कहीं ऐसे स्थान भी आ सकते हैं जहाँ घुमक्कड़ को अपना सामान अपनी पीठ पर लादकर चलना पड़ेगा। पीठ पर सामान ढोना एक दिन में सह्य नहीं हो सकता। यदि पहले से अभ्यास नहीं किया है, तो पन्द्रह सेर के बोझे को दो मील ले जाते ही आप सारी दुनिया को कोसने लगेंगे। इसलिए बीच में जो चार साल का अवसर मिला है, उसमें भावी घुमक्कड़ को अपने शरीर को कष्टक्षम ही नहीं, परिश्रमक्षम भी बनाना चाहिए। पीठ पर बोझा लेकर जब-तब दो-चार मील का चक्कर मार आना चाहिए। शरीर को मजबूत करने के लिए और भी कसरत और व्यायाम किये जा सकते हैं। लेकिन घुमक्कड़ को घूम-घूमकर कुश्ती या दंगल

नहीं लड़ना है। मजबूत शरीर स्वस्थ होता है। इसलिए वह तरह-तरह के व्यायाम से शरीर को मजबूत कर सकता है। लेकिन जो बात सबसे अधिक सहायक हो सकती है, वह है मन-सवा मन का बोझ पीठ पर रखकर दस-पाँच मील जाना और कुदाल लेकर एक साँस में एक-दो क्यारी खोद डालना। यह दोनों बातें दो-चार दिन के अभ्यास से नहीं हो सकतीं इनमें कुछ महीने लगते हैं। अभ्यास हो जाने पर किसी देश में चले जाने पर अपने शारीरिक कार्य द्वारा आदमी दूसरे के ऊपर भार बनने से बच सकता है। मान लीजिए अपने घुमक्कड़ी-जीवन में आप ट्रिनिडाड और गायना निकल गए—इन दोनों स्थानों में लाखों भारतीय जाकर बस गए हैं—वहाँ से आप चिली या इक्वेटर में पहुँच सकते हैं। आप चाहे और कोई हुनर न भी जानते हों, या जानने पर भी वहाँ उसका महत्त्व न हो, तो किसी गाँव में पहुँचकर किसी किसान के काम में हाथ बँटा सकते हैं। फिर उस किसान के आप महीने-भर भी मेहमान रहना चाहें, तो वह प्रसन्नता से रखेगा। आप उच्च श्रेणी के घुमक्कड़ हैं, इसलिए आप में अपने शारीरिक काम के लिए वेतन की लालच नहीं होगी। आप देश-देश की यात्रा के तजर्बों की बातें बतलाएँगे, लोगों में घुल-मिलकर उनके खेतों में काम करेंगे। यह ऐसी चीज है जो आपको गृहपति का आत्मीय बना देगी। यह भी स्मरण रखना चाहिए कि अब दुनिया में शारीरिक श्रम का मूल्य बढ़ता ही जा रहा है। हमारे ही देश में पिछले दस वर्षों के भीतर शरीर से काम करने वालों का वेतन कई गुना बढ़ गया है, यह आप किसी भी गाँव में जाकर जान सकते हैं। फिर दुनिया का कौन-सा देश है जहाँ पर जाकर समय-समय पर काम करके घुमक्कड़ जीवन-यापन का इन्तजाम नहीं कर सकता?

शारीरिक परिश्रम, यही नहीं कि आपके लिए जेब में पड़े नोट का काम देता है, बल्कि वह आज ही मिले आदमी को घनिष्ठ बना देता है। मेरे एक मित्र जर्मनी में सत्रह वर्ष रहकर हाल ही में भारत लौटे। वहाँ दो विश्वविद्यालयों से दो-दो विषयों पर उन्हें डॉक्टर की उपाधि मिली, बर्लिन जैसे महान् विश्वविद्यालय में भारतीय दर्शन के प्रोफेसर रहे। द्वितीय महायुद्ध के बाद पराजित जर्मनी में ऐसी अवस्था आई जबकि उनकी विद्या किसी काम की नहीं थी। वह एक गाँव में जाकर एक किसान के गायों-घोड़ों को चराते और खेतों में काम करते दो साल तक रहे। किसान, उसकी स्त्री, उसकी लड़कियाँ, सारा घर हमारे मित्र को अपने परिवार का व्यक्ति समझता

था और चाहता था कि वह वहीं बने रहें। उस किसान को बड़ी प्रसन्नता होती यदि हमारे दोस्तों ने उसकी सुवर्णकेशी तरुण कन्या से परिणय करना स्वीकार कर लिया होता। मैं हरेक घुमक्कड़ होने वाले तरुण से कहूँगा कि यद्यपि स्नेह और प्रेम बुरी चीज नहीं है, लेकिन जंगम से स्थावर बनना बहुत बुरा है। इसलिए इस तरह दिल नहीं दे बैठना चाहिए कि आदमी खूँटे में बँधा बैल बन जाए। अस्तु, इससे यह तो साफ ही है कि आजकल की दुनिया में स्वस्थ शरीर के होते शरीर से हर तरह का परिश्रम करने का अभ्यास घुमक्कड़ के लिए बड़े लाभ की चीज है।

अगले चार वर्षों तक यदि तरुण ठहरकर, शिक्षा में और मन लगाता है तो वह अपने ज्ञान और शारीरिक योग्यता को आगे बढ़ा सकता है। जहाँ एक ओर उसको यह लाभ हो सकता है, वहाँ उसे दूसरा लाभ है विश्वविद्यालय का स्नातक बन जाना। घुमक्कड़ के लिए बी.ए. हो जाना कोई अत्यन्त आवश्यक चीज नहीं है। उसका भाव होने पर यद्यपि बहुत अन्तर नहीं पड़ता, लेकिन अभाव होने पर कभी-कभी घुमक्कड़ आगे चलकर इसे एक कमी समझता है और फिर विविध देशों में पर्यटन करते रहने की जगह वह बी.ए. की डिग्री लेने के लिए बैठना चाहता है। इस एषणा को पहले ही समाप्त करके यदि वह निकलता है, तो आगे फिर रुकना नहीं पड़ता। डिग्री का कहीं-कहीं लाभ भी हो सकता है। इसका एक लाभ यह भी है कि पहले-पहल मिलने वाले आदमी को यह तो विश्वास हो जाता है कि यह आदमी शिक्षित और संस्कृत है। जो तरुण कॉलेज में चार साल लगाएगा, वहाँ अपने भावी कार्य और रुचि के अनुसार ही विषयों को चुनेगा। फिर पाठ्य पुस्तकों से बाहर भी उसे अपने ज्ञान बढ़ाने का काफी साधन मिल जाएगा। इसी समय के भीतर आदमी नृत्य, संगीत, चित्र आदि घुमक्कड़ के लिए अत्यन्त उपयोगी कलाएँ भी सीख जाएगा। इस प्रकार चार साल और रुक जाना घाटे का सौदा नहीं है। बीस या बाईस साल की आयु में यूनिवर्सिटी की उच्च शिक्षा को समाप्त करके आदमी खूब साधन-सम्पन्न हो जाएगा, इसे समझने की आवश्यकता नहीं। संक्षेप में हमें इस अध्याय में बतलाना था—वैसे तो होश सँभालने के बाद किसी समय आदमी संकल्प पक्का कर सकता है और घर से भाग भी सकता है। आगे उसका ज्ञान और साहस सहायता करेगा; लेकिन बारह वर्ष की अवस्था में दृढ़ संकल्प करके सोलह वर्ष की अवस्था तक बाहर जाने के लिए उपयोगी ज्ञान के अर्जन

कर लेने पर भागना कोई बुरा नहीं है। लेकिन आदर्श महाभिनिष्क्रमण तो तभी कहा जा सकता है जबकि घुमक्कड़ी के सभी आवश्यक विषयों की शिक्षा हो चुकी हो और शरीर भी हर तरह के काम के लिए तैयार हो। 22 या 24 साल की उम्र में घर छोड़ने वाला व्यक्ति इस प्रकार ज्ञान-सम्पत्ति और शारीरिक श्रम-सम्पत्ति दोनों से युक्त होगा। अब उसे कहीं निराशा और चिन्ता नहीं होगी।

आर्थिक कठिनाइयों के कारण घर पर रहकर जिनको अध्ययन में कोई प्रगति होने की सम्भावना नहीं है, उनके लिए तो—

यदहरेव विरजेत् तदहरेव प्रव्रजेत्।

स्वावलम्बन

घुमक्कड़ी का अंकुर किसी देश, जाति या वर्ग में सीमित नहीं रहता। धनाढ्य कुल में भी घुमक्कड़ पैदा हो सकता है, लेकिन तभी जबकि उस देश का जातीय जीवन उन्मुख हो। पतनशील जाति में धनाढ्य होने का मतलब है, उसके व्यक्तियों का सब तरह से पतनोन्मुख होना। तो भी, जैसे कि हमने पहले बतलाया है, घुमक्कड़ी का बीजांकुर कहीं भी उद्‌भूत हो सकता है। लेकिन चाहे धनी कुल में पैदा हो या निर्धन कुल में अथवा मेरी तरह न धनी और न निर्धन कुल में, तो भी घुमक्कड़ में और गुणों के अतिरिक्त स्वावलम्बन की मात्रा अधिक होनी चाहिए। सोने और चाँदी के कटोरों के साथ पैदा हुआ घुमक्कड़ की परीक्षा में बिलकुल अनुत्तीर्ण हो जाएगा यदि उसने अपने सोने-चाँदी के भरोसे घुमक्कड़चर्या करनी चाही। वस्तुतः सम्पत्ति और धन घुमक्कड़ी के मार्ग में बाधक हो सकते हैं। धन-सम्पत्ति को समझा जाता है कि वह आदमी की सब जगह गति करा सकती है। लेकिन यह बिलकुल झूठा खयाल है। धन-सम्पत्ति रेल, जहाज और विमान तक पहुँचा सकती है, विलास-होटलों, काफी-भवनों तक की सैर करा सकती है। घुमक्कड़ दृढ़-संकल्पी न हो तो, इन स्थानों से उसके मनोबल को क्षति पहुँच सकती है। इसीलिए पाठकों में यदि कोई धनी तरुण घुमक्कड़ी-धर्म को ग्रहण करना चाहता है, तो उसे अपनी धन-सम्पत्ति से सम्बन्ध-विच्छेद कर लेना चाहिए, अर्थात् समय-समय पर केवल उतना ही पैसा पॉकेट में लेकर घूमना चाहिए जिसमें भीख माँगने की नौबत न आए और साथ ही

भव्य होटलों और पांथशालाओं में रहने को स्थान न मिल सके। इसका अर्थ यह है कि भिन्न-भिन्न वर्ग में उत्पन्न घुमक्कड़ों को एक साधारण तल पर आना चाहिए।

घुमक्कड़ धर्म किसी जात-पाँत को नहीं मानता, न किसी धर्म या वर्ण के आधार पर अवस्थित वर्ग ही को। यह सबसे आवश्यक है कि एक घुमक्कड़ दूसरे को देखकर बिलकुल आत्मीयता का अनुभव करने लगे—वस्तुतः घुमक्कड़ के विकास के उच्च तल की यह कसौटी है। जितने ही उच्च श्रेणी के घुमक्कड़ होंगे, उतना ही वह आपस में बन्धुता का अनुभव करेंगे और उनके भीतर मेरा-तेरा का भाव बहुत-कुछ लोप हो जाएगा। चीनी घुमक्कड़ फाहियान और स्वेन-चाङ् की यात्राओं को देखने से मालूम होगा कि वह नये मिले यायावरों के साथ कितना स्नेह का भाव रखते थे। इतिहास के लिए विस्तृत, किन्तु कठोर साधनाओं के साथ घुमक्कड़ी किये व्यक्तियों का उन्होंने कितना सम्मान और सद्भाव के साथ स्मरण किया है।

घुमक्कड़ी एक रस है जो काव्य के रस से किसी तरह भी कम नहीं है। कठिन मार्गों को तय करने के बाद नये स्थानों में पहुँचने पर हृदय में जो भावोद्रेक पैदा होता है, वह एक अनुपम चीज है। उसकी कविता के रस से हम तुलना कर सकते हैं और यदि कोई ब्रह्म पर विश्वास रखता हो, तो वह उसे ब्रह्म-रस समझेगा—"रसो वैसः रसंहि लब्ध्वा आनन्दी भवति।" इतना जरूर कहना होगा कि उस रस का भागी वह व्यक्ति नहीं हो सकता जो सोने-चाँदी में लिपटा हुआ यात्रा करना चाहता है। सोने-चाँदी के बल पर बढ़िया-से-बढ़िया होटलों में ठहरने, बढ़िया-से-बढ़िया विमानों की सैर करने वालों को घुमक्कड़ कहना इस महान् शब्द के प्रति भारी अन्याय करना है। इसलिए यह समझने में कठिनाई नहीं हो सकती कि सोने के कटोरे को मुँह में लिये पैदा होना घुमक्कड़ के लिए तारीफ की बात नहीं है। यह ऐसी बाधा है जिसको हटाने में काफी परिश्रम की आवश्यकता होती है।

प्रश्न हो सकता है—क्या सभी वस्तुओं से विरत हो, सभी चीजों को छोड़कर, कुछ भी हाथ में न रख निकल पड़ना ही एकमात्र घुमक्कड़ का रास्ता है? जहाँ घुमक्कड़ के लिए सम्पत्ति बाधक और हानिकारक है, वहाँ साथ ही घुमक्कड़ के लिए आत्मसम्मान की भी भारी आवश्यकता है। जिसमें आत्मसम्मान का भाव नहीं, वह कभी अच्छे दर्जे का घुमक्कड़ नहीं हो सकता। अच्छी श्रेणी के घुमक्कड़ का कर्तव्य है कि अपनी जाति, अपने पंथ, अपने बन्धु-बान्धवों पर—जिनमें केवल

घुमक्कड़ ही शामिल हैं—कोई लांछन न आने दे। यदि घुमक्कड़ उच्चादर्श और सम्मानीय व्यवहार को कायम रखेगा, तो उससे वर्तमान और भविष्य के, एक देश और सारे देशों के घुमक्कड़ों को लाभ पहुँचेगा। इसकी चिन्ता नहीं करनी चाहिए कि हजारों घुमक्कड़ों में कुछ बुरे निकलेंगे और उनकी वजह से घुमक्कड़-पंथ कलंकित होगा। हरेक आदमी के सामने घुमक्कड़ के असली रूप को रखा न भी जा सके, तो भी गुणग्राही, संस्कृत, बहुश्रुत, दूरदर्शी नर-नारियों के हृदय में घुमक्कड़ों के प्रति विशेष आदर-भाव पैदा करना हरेक घुमक्कड़ का कर्तव्य है। उसे अपना ही रास्ता ठीक नहीं रखना है, बल्कि यदि रास्ते में काँटे पड़े हों, तो उन्हें हटा देना है जिसमें भविष्य में आने वालों के पैर में वह न चुभें। इन सबका ध्यान वही रख सकता है जिसमें आत्म-सम्मान की भावना कूट-कूट कर भरी हुई है। घुमक्कड़ चापलूसी से घृणा करता है, लेकिन इसका अर्थ अक्खड़, उजड्ड होना नहीं है और न सांस्कृतिक सद्व्यवहार से हाथ धो लेना। वस्तुत: घुमक्कड़ को अपने आचरण और स्वभाव को ऐसा बनाना है जिससे वह दुनिया में किसी को अपने से ऊपर न समझे, लेकिन साथ ही किसी को नीचा भी न समझे। समदर्शिता घुमक्कड़ का एकमात्र दृष्टिकोण है, आत्मीयता उसके हरेक बर्ताव का सार है।

आत्म-सम्मान रखने वाले आदमी के लिए यह आवश्यक है कि वह भिक्षुक, भीख माँगने वाला न बने। भीख न माँगने का यह अर्थ नहीं है कि भिक्षाजीवी बौद्ध भिक्षु इस घुमक्कड़चर्या के अधिकारी नहीं हो सकते। वस्तुत: उस भिक्षाचर्या का घुमक्कड़ी से विरोध नहीं है। वही भिक्षाचर्या बुरी है जिसमें आदमी को दीन-हीन बनना पड़ता है, आत्म-सम्मान को खोना पड़ता है। लेकिन ऐसी भिक्षाचर्या बौद्ध भिक्षओं के लिए बौद्ध देशों तक ही सीमित रह सकती है। बाहर के देशों में वह सम्भव नहीं है। महान् घुमक्कड़ बुद्ध ने भिक्षाचर्या का आत्म-सम्मान के साथ जिस तरह सामंजस्य किया है, वह आश्चर्यकर है। बौद्ध देशों में घुमक्कड़ी करने वाले भिक्षु ही उस यात्रा का आनन्द जानते हैं, इसमें सन्देह नहीं। बौद्ध देशों के सभी भिक्षु घुमक्कड़ नाम के अधिकारी नहीं होते, प्रथम श्रेणी के घुमक्कड़ों की संख्या तो वहाँ और भी कम है। फिर भी उनके प्रथम मार्गदर्शक ने जिस तरह का पथ तैयार किया, पथ के चिह्न निर्मित किये, उस पर घास-झाड़ी अधिक उग आने पर भी वह वहाँ मौजूद है और पंथ को आसानी से फिर प्रशस्त किया जा सकता है।

यदि बौद्ध भिक्षुओं की बात को छोड़ दें, तो आत्म-सम्मान को कायम रखने के लिए घुमक्कड़ को स्वावलम्बी होने में सहायक कुछ बातों की अत्यन्त आवश्यकता है। हम पहले स्वावलम्बन के बारे में थोड़ा कह चुके हैं और आगे और भी कहेंगे, यहाँ भी इसके बारे में कुछ मोटी-मोटी बातें बतलाएँगे।

स्वावलम्बन का यह मतलब नहीं, कि आदमी अपने अर्जित पैसे से विलासपूर्ण जीवन बिताए। ऐसे जीवन का घुमक्कड़ी से 3 और 6 का सम्बन्ध है। स्वावलम्बी होने का यह भी अर्थ नहीं है कि आदमी धन कमाकर कुल-परिवार पोसने लग जाए। कुल-परिवार और घुमक्कड़ी-धर्म से क्या सम्बन्ध? कुल-परिवार स्थावर व्यक्ति की चीज हैं, घुमक्कड़ जंगम है, सदा चलने वाला। हो सकता है, घुमक्कड़ को अपने जीवन में कभी वर्ष-दो-वर्ष एक जगह भी रहना पड़ जाए, लेकिन यह स्वेच्छापूर्वक रहने की सबसे बड़ी अवधि है। इससे अधिक रहने वाला, सम्भव नहीं है, कि अपने व्रत का पालन कर सके। इस प्रकार स्वावलम्बी होने का यही मतलब है कि आदमी को दीन होकर हाथ पसारना न पड़े।

घुमक्कड़ नाम से हमारे सामने ऐसे व्यक्ति का रूप नहीं आता जिसमें न संस्कृति है, न शिक्षा। संस्कृति और शिक्षा तथा आत्म-सम्मान घुमक्कड़ के सबसे आवश्यक गुण हैं। घुमक्कड़ चूँकि किसी मानव को न अपने से ऊँचा और न नीचा समझता है, इसलिए किसी के भेस को धारण करके उसकी पाँती में जा एक होकर बैठ सकता है। फटे, चीथड़े, मलिन, कृशगात यायावरों के साथ किसी नगर या अरण्य में अभिन्न होकर जा मिलना भी कला है। हो सकता है, वह यायावर प्रथम या दूसरी श्रेणी के भी न हों, लेकिन उनमें कभी-कभी ऐसे भी गुदड़ी के लाल मिल जाते हैं जिन्होंने अपने पैरों से पृथ्वी के बड़े भाग को नाम दिया है। उनके मुँह से अकृत्रिम भाषा में देश-देशान्तर की देखी बातें और दृश्यों को सुनने में बहुत आनन्द आता है, हृदय में उत्साह बढ़ता है। मैंने तीसरी श्रेणी के घुमक्कड़ों में भी बन्धुता और आत्मीयता को इतनी मात्रा में देखा है जितनी संस्कृति और शिक्षित नागरिक में नहीं पाई जाती है।

जो घुमक्कड़ नीचे की श्रेणी के लोगों में अभिन्न हो मिल सकता है, वह शारीरिक श्रम से कभी नहीं शरमाएगा। घुमक्कड़ के लिए शरीर से स्वस्थ ही नहीं, कर्मण्य होना भी आवश्यक है, अर्थात् शारीरिक श्रम करने की उसमें क्षमता

होनी चाहिए। घुमक्कड़ ऐसी स्थिति में भी पहुँच सकता है जहाँ उसे तात्कालिक जीवन-निर्वाह के लिए अपने श्रम को बेचने की आवश्यकता हो। इसमें कौन-सी लज्जा की बात है यदि घुमक्कड़ किसी के बिस्तरे को सिर या पीठ पर लादकर कुछ दूर पहुँचा दे, या किसी बर्तन मलने, कपड़ा धोने का काम कर दे। साधारण मजदूर के काम को करने की क्षमता और उत्साह ऊँची श्रेणी के घुमक्कड़ बनने में बहुत सहायक हो सकते हैं। उनसे घुमक्कड़ बहुत अनुभव प्राप्त कर सकता है। शारीरिक श्रम स्वावलम्बी होने में बहुत सहायक हो सकता है। स्वावलम्बी होने के लिए और उपाय रहने पर भी शारीरिक श्रम के प्रति अवहेलना का भाव अच्छा नहीं है।

घुमक्कड़ को समझना चाहिए कि उसे ऐसे देश में जाना पड़ सकता है जहाँ उसकी भाषा नहीं समझी जाती, अतएव वहाँ सीखे-समझे पुस्तकीय ज्ञान का कोई उपयोग नहीं हो सकता। ऐसी जगह पर ऐसे व्यवसायों से परिचय लाभदायक सिद्ध होगा जिनके लिए भाषा की आवश्यकता नहीं और जो भाषाहीन होने पर भी सर्वत्र एक तरह समझे जा सकते हों। उदाहरणार्थ, हजामत के काम को ले लीजिए। हजामत का काम सीखना सबके लिए आसान है, यह मैं नहीं कहता, यद्यपि आजकल सेफ्टी छुरे से सभी नागरिक अपने चेहरे को साफ कर लेते हैं। मैं समझता हूँ, इस काम को स्वावलम्बन में सहायक बनाने के लिए क्षौरकला को कुछ अधिक जानने की आवश्यकता है। अच्छा समझदार तरुण होने पर इसे सीखमे में बहुत समय नहीं लगेगा और न लगातार हर रोज छह-छह घंटा सीखन में लगाने की आवश्यकता है। तरुण को किसी हजामत बनाने वाले से मैत्री करनी चाहिए और धीरे-धीरे विद्या को हस्तगत कर लेना चाहिए। बहुत-से ऐसे देश हैं जहाँ क्षौर करना वंश-परम्परा से चला आया पेशा नहीं है, अर्थात् हज्जामों की जाति नहीं है। दूर क्यों जाइए, हिमालय में ही इसे देखेंगे। वहाँ यदि जाति का हज्जाम मिलेगा, तो वह नीचे मैदान से गया होगा। ऊपरी सतलज (किन्नर देश) में 1948 में मैं विचर रहा था। मुझे कभी तीन-चार महीने में बाल कटवाने की आवश्यकता होती है। यदि कोई अपने केश और दाढ़ी को बढ़ा रखे, तो बुरा नहीं है। लेकिन मैं अपने लिए पसन्द नहीं करता, इसलिए तीन-चार महीने बाद केश छोटा करने की आवश्यकता होती है। चिनी (किन्नर देश) में मुझे जरूरत पड़ी। पता लगा—मिडिल स्कूल के हेडमास्टर

साहब क्षौर के हथियार भी रखते हैं और अच्छा बनाना भी जानते हैं। यह भी पता लगा कि हेडमास्टर साहब स्वयं भले ही बना दें, लेकिन हथियार को दूसरे के हाथों में नहीं देना चाहते—"लेखनी पुस्तकी नारी परहस्तेगता गता" के स्थान पर "लेखनी क्षुरिका कर्त्री परहस्तेगता गता" कहना चाहिए। हेडमास्टर साहब अपना क्षौर-शस्त्र मुझे देने में आनाकानी नहीं करते, क्योंकि न देने का कारण उनका यही था कि अनाड़ी आदमी शस्त्र के साथ अच्छा व्यवहार नहीं करना जानता। उन्होंने आकर स्वयं मेरे बाल काट दिये। अपने लिए होने पर तो काटने की मशीन काफी है। मैं वर्षों उसे अपने पास रखा करता था, किन्तु जब आपको क्षौरकर्म के द्वारा तात्कालिक स्वावलम्बन का मार्ग ढूँढ़ना है, तो जैसे-तैसे हज्जाम बनने से काम नहीं चलेगा। आपको इस कला पर अधिकार प्राप्त करना चाहिए और जिस तरह चिनी के हेडमास्टर और उनके शिष्यों में एक दर्जन तरुण अच्छी हजामत बना सकते हैं, वैसा अभ्यास होना चाहिए। हजामत कोई सस्ती मजदूरी की चीज नहीं है। यूरोप के देशों में तो एक हज्जाम एक प्रोफेसर के बराबर पैसा कमा सकता है। एशिया के भी अधिकांश भागों में दो-चार हजामत बनाकर आदमी चार-पाँच दिन का खर्चा जमा कर सकता है। भावी घुमक्कड़ तरुणों से मैं कहूँगा कि ब्लेड से दाढ़ी-मूँछ तथा मशीन से बाल काटने तक ही सीमित न रहकर इस कला की अगली सीढ़ियों को पार कर लेना चाहिए। यह काम हाईस्कूल के अन्तिम दो वर्षों में सीखा जा सकता है और कॉलेज में तो बहुत खुशी से अपने को अभ्यस्त बनाया जा सकता है।

तरुण घुमक्कड़ों के लिए जैसे क्षौरकर्म लाभदायक है, वैसे ही घुमक्कड़ तरुणियों के लिए प्रसाधन-कला है। अपने खाली समय में वह इसे अच्छी तरह सीख सकती हैं। दुनिया के किसी भी अजांगल जाति या देश में प्रसाधन-कला घुमक्कड़ तरुणी के लिए सहायक हो सकती है। चाहे उसे अपने काम के लिए उसकी आवश्यकता न हो, लेकिन दूसरों को आवश्यकता होती है। प्रसाधन-कला का अच्छा परिचय रखने वाली तरुणियाँ घूमते-घामते जहाँ-तहाँ अपनी तात्कालिक जीविका इससे अर्जित कर सकती हैं। जिस तरह और शस्त्रों को हल्के-से-हल्के रूप में रखा जा सकता है, वैसे ही प्रसाधन-साधनों को भी थोड़ी-सी शीशियों और चन्द शस्त्रों तक सीमित रखा जा सकता है। हाँ, यह जरूर बतला देना है कि घुमक्कड़

होने का यह अर्थ नहीं कि हर घुमक्कड़ हर किसी कला पर अधिकार प्राप्त कर सकता है। कला के सीखने में श्रम और लगन की आवश्यकता होती है, किन्तु श्रम और लगन रहने पर भी उस कला की स्वाभाविक क्षमता न होने पर आदमी सफल नहीं हो सकता। इसलिए जबरदस्ती किसी कला के सीखने की आवश्यकता नहीं। यदि एक में अक्षमता दीख पड़े, तो दूसरी को देखना चाहिए।

बिना अक्षर या भाषा के ऐसी बहुत-सी कलाएँ और व्यवसाय हैं जो घुमक्कड़ के लिए दुनिया के हर स्थान में उपयोगी हो सकते हैं। उनके द्वारा चीन-जापान में, अरब-तुर्की में और ब्राजील-अर्जन्तीन में स्वच्छन्द विचर सकते हैं। कलाओं में बढ़ई, लोहार, सोनार की कलाओं को ले सकते हैं। हमारे देश में आज भी एक ग्रेजुएट क्लर्क से बढ़ई-लोहार कम मजदूरी नहीं पाते। साथ ही इनकी माँग हर जगह रहती है। बढ़ई का काम जिसे मालूम है, वह दुनिया में कौन-सा गाँव या नगर है जहाँ काम न पा जाए। खयाल कीजिए, आप कोरिया के एक गाँव में पहुँच गए हैं। वहाँ किसी किसान के घर में सायंकाल मेहमान हुए। सबेरे उसके मकान की किसी चीज को मरम्मत के योग्य समझकर आपने अपनी कला का प्रयोग किया। संकोच करते हुए भी किसान और कितनी ही मरम्मत करने की चीजों को आपके सामने रख देगा। हो सकता है, आप उसके लिए स्मृति-चिह्न, कोई नई चीज बना दें, निश्चय ही समझिए, आपका परिचय उसी किसान तक सीमित नहीं रहेगा, बल्कि इस कला द्वारा गाँव भर के लोगों से परिचय करते देर न लगेगी। फिर तो यदि चार-छह महीने भी वहाँ रहना चाहें, तो भी कोई तकलीफ नहीं होगी, सारा गाँव आत्मीय बन जाएगा। घुमक्कड़ केवल मजदूरी के खयाल से तो काम नहीं करता है। वह काम अच्छा और ज्यादा भी करेगा, किन्तु बदले में आवश्यक बहुत थोड़ी-सी चीजें लेगा। बढ़ई, लोहार, सोनार, दर्जी, धोबी, मेज-कुर्सी, बुनकर आदि जैसी सभी कलाएँ बड़े काम की साबित होंगी।

घड़ीसाजी, छोटी-मोटी मशीनों की मरम्मत, बिजली-मिस्त्री का काम जैसी और भी कलाएँ हैं जिनकी सभी सभ्य देशों में एक-सी माँग है और जिनको तरुण अपने हाईस्कूल के अन्तिम वर्षों या कॉलेज की पढ़ाई के समय सीख सकता है। घुमक्कड़ को कलाओं के सम्बन्ध में यह वाक्य कंठस्थ कर लेना चाहिए—"सर्वसंग्रहः कर्तव्यः, कः काले फलदायकः।" उसके तर्कश में हर तरह के तीर होने चाहिए,

न जाने कौन तीर की किस समय या स्थान में आवश्यकता हो। लेकिन, इसका यह अर्थ नहीं कि वह दुनिया की कलाओं-व्यवसायों पर अधिकार प्राप्त करने के लिए आधा जीवन लगा दे। यहाँ जिन कलाओं की बात कही जा रही है, वह स्वाभाविक रुचि रखने वाले व्यक्ति के लिए अल्पकाल-साध्य हैं।

फोटोग्राफी सीखना भी घुमक्कड़ के लिए उपयोगी हो सकता है। आगे हम विशेष तौर से लिखने जा रहे हैं कि उच्चकोटि का घुमक्कड़ दुनिया के सामने लेखक, कवि या चित्रकार के रूप में आता है। घुमक्कड़ लेखक बनकर सुन्दर यात्रा-साहित्य प्रदान कर सकता है। यात्रा-साहित्य लिखते समय उसे फोटो-चित्रों की आवश्यकता मालूम होगी। घुमक्कड़ का कर्तव्य है कि वह अपनी देखी चीजों और अनुभूत घटनाओं को आने वाले घुमक्कड़ों के लिए लेखबद्ध कर जाए। आखिर हमें भी अपने पूर्वज घुमक्कड़ों की लिखी कृतियों से सहायता मिली है, उनका हमारे ऊपर भारी ऋण है जिससे हम तभी उऋण हो सकते हैं जबकि हम भी अपने अनुभवों को लिखकर छोड़ जाएँ। यात्रा-कथा लिखने वालों के लिए फोटो कैमरा उतना ही आवश्यक है जितना कलम-कागज। सचित्र यात्रा का मूल्य अधिक होता है। जिन घुमक्कड़ों ने पहले फोटोग्राफी सीखने की ओर ध्यान नहीं दिया, उन्हें यात्रा उसे सीखने के लिए मजबूर करेगी। इसका प्रमाण मैं स्वयं मौजूद हूँ। यात्रा ने मुझे लेखनी पकड़ने के लिए मजबूर किया या नहीं, इसके बारे में विवाद हो सकता है, लेकिन यह निर्विवाद है कि घुमक्कड़ी के साथ कलम उठाने पर कैमरा रखना मेरे लिए अनिवार्य हो गया। फोटो के साथ यात्रा-वर्णन अधिक रोचक तथा सुगम बन जाता है। आप अपने फोटो द्वारा देखे दृश्यों की एक झाँकी पाठक-पाठिकाओं को करा सकते हैं, साथ ही पत्रिकाओं और पुस्तकों के पृष्ठों में अपने समय के व्यक्तियों, वास्तुओं-वस्तुओं, प्राकृतिक दृश्यों और घटनाओं का रेकार्ड भी छोड़ सकते हैं। फोटो और कलम मिलकर आपके लेख पर अधिक पैसा भी दिलवा देंगी। जैसे-जैसे शिक्षा और आर्थिक तल ऊँचा होगा, वैसे-वैसे पत्र-पत्रिकाओं का प्रचार भी अधिक होगा और उसी के अनुसार लेख के पैसे भी अधिक मिलेंगे। उस समय भारतीय घुमक्कड़ को यात्रा-लेख लिखने से, यदि वह महीने में दो-चार भी लिख दे, साधारण जीवन-यात्रा की कठिनाई नहीं होगी। लेख के अतिरिक्त आप यदि अपनी पीठ पर दिन में फोटो धो लेने का सामान ले चल सकें, तो फोटो खींचकर

अपनी यात्रा जारी रख सकते हैं। फोटो की भाषा सब जगह एक है, इसलिए वह सर्वत्र लाभदायक होगी, इसे कहने की आवश्यकता नहीं।

स्वावलम्बी बनाने वाली सभी कलाओं पर यहाँ लिखना या उनकी सूची सम्भव नहीं है, किन्तु इतने से पाठक स्वयं जान सकते हैं कि नगर और गाँव में रहने वाले लोगों की आवश्यकता-पूर्ति के लिए कौन से व्यवसाय उपयोगी हो सकते हैं जिनको आसानी से सीखा जा सकता है। कितने ही लोग शायद फलित ज्योतिष और सामुद्रिक (हस्तरेखा) को भी घुमक्कड़ के लिए आवश्यक बतलाएँ। बहुत से लोग इन 'कलाओं' पर ईमानदारी से विश्वास कर सकते हैं और कितने ही ऐसे हैं जो इनका व्यवसाय नहीं करते। तो भी मैं समझता हूँ, यह आदमी की कमजोरियों से फायदा उठाना होगा यदि घुमक्कड़ ज्योतिष और सामुद्रिक के भरोसे स्वावलम्बी बनना चाहें। वंचना घुमक्कड़-धर्म के विरुद्ध चीज है, इसलिए मैं कहूँगा—घुमक्कड़ यदि इनसे अलग रहें, तो अच्छा है। वैसे जानता हूँ, अधिकांश देशों में—जहाँ जबरदस्ती मानव-समाज को धनिक-निर्धन वर्ग में विभक्त कर दिया गया है—लोगों का भविष्य अनिश्चित है, वहाँ ज्योतिष तथा सामुद्रिक पर मरने वाले हजारों मिलते हैं। यूरोप के उन्नत देशों में भी ज्योतिषियों, सामुद्रिकवेत्ताओं की पाँचों उँगली घी में देखी जाती हैं। हाँ, यदि घुमक्कड़ मेस्मरिज्म और हेप्नाटिज्म का अभ्यास करे, तो कभी-कभी उससे लोगों का उपकार भी कर सकता है और मनोरंजन तो खूब कर सकता है। हाथ की सफाई, जादूगरी का भी घुमक्कड़ के लिए महत्त्व है। इनसे जहाँ लोगों का अच्छा मनोरंजन हो सकता है, वहाँ यह घुमक्कड़ के स्वावलम्बी होने के साधन भी हो, सकते हैं।

अन्त में मैं एक और ऐसी कला या विद्या की ओर ध्यान दिलाना चाहता हूँ जिसका महत्त्व घुमक्कड़ के लिए बहुत है वह है—प्राथमिक सहायता और चिकित्सा का आरम्भिक ज्ञान। मैं समझता हूँ, इसका ज्ञान हरेक घुमक्कड़ को थोड़ा-बहुत होना चाहिए। चोट में कैसे बाँधना और किन दवाओं को लगाना चाहिए, इसे जानने के लिए न बहुत समय की आवश्यकता है न परिश्रम की ही। साधारण बीमारियों के उपचार की बातें भी दो-चार पुस्तकों के देखने या किसी चिकित्सक के थोड़े-से सम्पर्क से जानी जा सकती हैं। साधारण चीर-फाड़ और साधारण इंजेक्शन देने का ढंग जानना भी आसान है। पेंसिलीन-जैसी कुछ दवाइयाँ निकली हैं जिनसे बाज

समय आदमी को मृत्यु के मुँह से निकाला जा सकता है। इसके ज्ञान के लिए भी बहुत समय की आवश्यकता नहीं। इस प्रकार चिकित्सा का थोड़ा ज्ञान घुमक्कड़ के लिए आवश्यक है। सेर-आध-सेर भार में चिकित्सा की सामग्री लेकर चल सकें तो कोई हर्ज नहीं है। कभी-कभी अस्पताल और डॉक्टरों की पहुँच से दूर के स्थानों में व्याधि-पीड़ित मनुष्य को देखकर घुमक्कड़ को अफसोस होने लगता है कि क्यों मैंने चिकित्सा का थोड़ा-सा ज्ञान प्राप्त नहीं कर लिया। व्याधि-पीड़ित उससे सहानुभूति की आशा रखता है, घुमक्कड़ का हृदय उसे देखकर आर्द्र हो जाता है, किन्तु यदि चिकित्सा का कुछ भी परिचय नहीं है, तो अपनी विवशता पर बहुत खेद होने लगता है। इसीलिए चिकित्सा का साधारण ज्ञान घुमक्कड़ के लिए दूसरे की नहीं, अपने हृदय की चिकित्सा के लिए जरूरी है।

शिल्प और कला

घुमक्कड़ के स्वावलम्बी होने के लिए उपयुक्त कुछ बातों को हम बतला चुके हैं। क्षौरकर्म, फोटोग्राफी या शारीरिक श्रम बहुत उपयोगी काम हैं, इसमें शक नहीं; लेकिन वह घुमक्कड़ की केवल शरीर-यात्रा में ही सहायक हो सकते हैं। उनके द्वारा वह ऊँचे तल पर नहीं उठ सकता, अथवा समाज के हर वर्ग के साथ समानता के साथ घुल-मिल नहीं सकता। सभी वर्ग के लोगों में घुल-मिल जाने तथा अपने कृतित्व को दिखाने का अवसर घुमक्कड़ को मिल सकता है यदि उसने ललित कलाओं का अनुशीलन किया है। हाँ, यह अवश्य है कि ललित कलाएँ केवल परिश्रम के बल पर नहीं सीखी जा सकतीं। उनके लिए स्वाभाविक रुचि का होना भी आवश्यक है। ललित कलाओं में नृत्य, वाद्य और गान, तीनों ही अधिकाधिक स्वाभाविक रुचि तथा संलग्नता को चाहते हैं। नाचने से गाना अधिक कठिन है; गाने और बजाने में कौन ज्यादा कष्ट-साध्य है, इसके बारे में कहना किसी मर्मज्ञ के लिए ही उचित हो सकता है। वस्तुतः इन तीनों में कितना परिश्रम और समय लगता है, इसके बारे में मेरा ज्ञान नहीं के बराबर है। लेकिन इनका प्रभाव जो अपरिचित देश में जाने पर देखा जाता है, उससे इनकी उपयोगिता साफ मालूम पड़ती है। यह हम आशा नहीं करते कि जिसने घुमक्कड़ी का व्रत लिया है, जिसे कठिन-से-कठिन रास्तों से दुरूह स्थानों में जाने का शौक है, वह कोई नृत्यमंडली बनाकर दिग्विजय करने निकलेगा। वस्तुतः जैसे 'सिंहों

के लेंहड़े' नहीं होते, वैसे ही घुमक्कड़ भी जमात बाँध के नहीं घूमा करते। हो सकता है, कभी दो या तीन घुमक्कड़ कुछ दिनों तक एकसाथ रहें, लेकिन उन्हें तो अन्ततः अपनी यात्राएँ स्वयं ही पूरी करनी पड़ती हैं। हाँ, तरुणियों के लिए, जिन पर मैं आगे लिखूँगा, यह अच्छा है, यदि वह तीन-तीन की भी जमात बाँध के घूमे। उनके आत्म-विश्वास को बढ़ाने तथा पुरुषों के अत्याचार से रक्षा पाने के लिए यह अच्छा होगा।

नृत्य के बहुत से भेद हैं, मुझे तो उनमें सबका नाम भी ज्ञात नहीं है। मोटे तौर से हरेक देश का नृत्य जन-नृत्य तथा उस्तादी (क्लासिकल) नृत्य, दो रूपों में बँटा दिखाई पड़ता है। साधारण शारीरिक व्यायाम में मन पर बहुत दबाव रखना पड़ता है, किन्तु नृत्य ऐसा व्यायाम है जिसमें मन पर बलात्कार करने की आवश्यकता नहीं; उसे करते हुए आदमी को पता भी नहीं लगता कि वह किसी शारीरिक परिश्रम का काम कर रहा है। शरीर को कर्मण्य रखने के लिए मनुष्य ने आदिमकाल में नृत्य का आविष्कार किया, अथवा नृत्य के लाभ को समझा। नृत्य शरीर को दृढ़ और कर्मण्य ही नहीं रखता, बल्कि उसके अंगों को भी सुडौल बनाए रखता है। नृत्य के जो साधारण गुण हैं, उन्हें घुमक्कड़ों से भिन्न लोगों को भी जानना चाहिए। अफसोस है, हमारे देश में पिछली सात-आठ सदियों में इस कला की बड़ी अवहेलना हुई। इसे निम्न कोटि का व्यवसाय समझकर तथाकथित उच्च वर्ग ने छोड़ दिया। ग्रामीण मजदूर जातियाँ नृत्यकला को अपनाए रहीं, उनमें से कितने ही नृत्यों को वर्तमान सदी के आरम्भ तक अहीर, भर जैसी जातियों ने सुरक्षित रखा। लेकिन जब उनमें भी शिक्षा बढ़ने लगी तथा 'बड़ों' की नकल करने की प्रवृत्ति बढ़ी, तो वह भी नृत्य को छोड़ने लगे। पिछले तीस सालों में फरी (अहीरी) का नृत्य उत्तर प्रदेश और बिहार के जिले-के-जिले से लुप्त हो गया। जहाँ बचपन में कोई अहीर-विवाह हो ही नहीं सकता था जिसमें वर-वधू के पुरुष सम्बन्धी ही नहीं, बल्कि माँ और सास ने नहीं नाचा हो। रूस के परिश्रमसाध्य सुन्दर नृत्यों को देखकर मुझे अहीरी नृत्य का स्मरण हो आया और 1939 में उसे देखने की बड़ी इच्छा हुई, तो बड़ी मुश्किल से गोरखपुर जिले में एक जगह वह नृत्य देखने को मिला। मैं समझता था, बचपन के नृत्य का जो रूप स्मृति ने मेरे सामने रखा है, शायद वह अतिशयोक्तिपूर्ण हो, किन्तु जब नृत्य को देखा, तो पता लगा कि स्मृति ने

अतिशयोक्ति से काम नहीं लिया है। लेकिन इसका खेद बहुत हुआ कि इतना सुन्दर नृत्य इतनी तेजी के साथ लुप्त हो चला। उसके बाद कुछ कोशिश भी की कि उसे प्रोत्साहन दिया जाए, किन्तु मैं उस अवस्था से पार हो चुका था जबकि नृत्य को स्वयं सीख सकूँ। उसके लिए आन्दोलन करने को जितने समय की आवश्यकता थी, उसे भी मैं नहीं दे सकता था।

फरी (अहीरी) नृत्य के अतिरिक्त हमारे देश में प्रदेश-भेद से विविध प्रकार के सुन्दर नृत्य चलते हैं और बहुत से अभी भी जीवित हैं। पिछले तीस वर्षों से संगीत और नृत्य को फिर से उज्जीवित करने का हमारे देश में प्रयत्न हुआ है। जहाँ भद्र महिलाओं के लिए नृत्य-गीत परम वर्जित तथा अत्यन्त वांछनीय चीज समझा जाता था, वहाँ अब भद्र कुलों की लड़कियों की शिक्षा का वह एक अंग बन गया है। लेकिन अभी हमारा सारा ध्यान केवल उस्तादी नृत्य और संगीत पर है, जनकला की ओर नहीं गया है। जनकला दरअसल उपेक्षणीय चीज नहीं है। जनकला के सम्पर्क के बिना उस्तादी नृत्य-संगीत निर्जीव हो जाता है। हमें आशा करनी चाहिए कि जनकला की ओर भी ध्यान जाएगा और लोगों में जो पक्षपात उसके विरुद्ध कितने ही समय से फैला है, वह हटेगा। मैं घुमक्कड़ को केवल एक को चुनने का आग्रह नहीं कर सकता। यदि मुझे कहने का अधिकार हो, तो मैं कह सकता हूँ—घुमक्कड़ को जन-संगीत, जन-नृत्य और जन-वाद्य को प्रथम सीखना चाहिए, उसके बाद उस्तादी कला का भी अभ्यास करना चाहिए।

जनकला को मैं क्यों प्रधानता दे रहा हूँ, इसका एक कारण घुमक्कड़ी-जीवन की सीमाएँ हैं। उच्च श्रेणी का घुमक्कड़ आधे दर्जन सूटकेश, बक्स और दूसरी चीजें ढोये-ढोये सर्वत्र नहीं घूमता फिरेगा। उसके पास उतना ही सामान होना चाहिए जितने को जरूरत पड़ने पर वह स्वयं उठाकर ले जा सके। यदि वह सितार, वी़णा, पियानो जैसे वाद्यों द्वारा ही अपने गुणों को प्रदर्शित कर सकता है, तो इन सबको साथ ले जाना मुश्किल होगा। वह बाँसुरी को अच्छी तरह ले जा सकता है, उसमें कोई दिक्कत नहीं होगी। जरूरत पड़ने पर बाँस-जैसी पोली चीज को लेकर वह स्वयं लाल लोहे से छिद्र बना के वंशी तैयार कर सकता है। मैं तो कहूँगा—घुमक्कड़ के लिए बाँसुरी बाजों की रानी है। कितनी सीधी-सादी, कितनी हल्की और कितनी सस्ती—किन्तु साथ ही कितने काम की है! जैसे बाँसुरी बजाने वाला चतुर पुरुष

अपने देश के जन तथा उस्तादी गान को बाँसुरी पर उतार सकता है, नृत्य-गीत में सहायता दे सकता है, उसी तरह सिद्धहस्त बाँसुरीबाज किसी देश के भी गीत और नृत्य को अपनी वंशी में उतार सकता है। कृष्ण की वंशी का हम गुणगान सुन चुके हैं, मैं उस तरह के गुणगान के लिए यहाँ तैयार नहीं हूँ। मैं सिर्फ घुमक्कड़ की दृष्टि से उसके महत्त्व को बतलाना चाहता हूँ। तान को सुनकर इतना तो कोई भी समझ सकता है कि बाँसुरी पर प्रभुत्व होना चाहिए, फिर किसी गीत और लय को मामूली प्रयास से वह अदा कर सकता है। मान लीजिए, हमारा घुमक्कड़ वंशी में निष्णात है। वह पूर्वी तिब्बत के खम प्रदेश में पहुँच गया है, उसको तिब्बती भाषा का एक शब्द भी नहीं मालूम है। खम प्रदेश के कितने ही भागों के पहाड़ जंगल से आच्छादित हैं। हिमालय की ललनाओं की भाँति वहाँ की स्त्रियाँ भी घास, लकड़ी या चरवाही के लिए जंगल में जाने पर संगीत का उपयोग श्वास-प्रश्वास की तरह करती हैं। मान लीजिए, तरुण घुमक्कड़ उसी समय एकाएक वहाँ पहुँचता है और किसी कोकिल-कंठी के संगीत को ध्यान से सुनता है। बगल की जेब में पड़ी या जामा के कमरबन्द में लगी अथवा पीठ की अधारी में पड़ी वंशी को हाथ में उठाता है। उसे मुँह पर लगाकर धीरे-धीरे कोकिल-कंठी के लय को उतारने की कोशिश करता है और थोड़े समय में उसको पकड़ लेता है। जनगीतों के लय बहुत सरल होते हैं, किन्तु इसका अर्थ यह नहीं कि उसमें मनोहारिता की कमी होती है। तरुण दस-पाँच मिनट के परिश्रम के बाद अब किसी देवदार की घनी छाया के नीचे बैठा कोकिल-कंठी के गान को अपनी वंश में अलापने लगता है। वंशी का स्वर आसपास में रहने वाली कोकिल-कंठियों को अपनी ओर खींचे बिना नहीं रहेगा। आगन्तुक को परिचय करने के लिए कोशिश करने की आवश्यकता नहीं, स्वयं कोकिल-कंठी और उसकी सहचरियाँ यमुना किनारे ब्रज की गोपिकाओं की भाँति विह्वल हो उठेगी। आगन्तुक तरुण खम्पा लोगों की भाषा नहीं जानता, उसकी सूरत मंगोलियन नहीं है, इससे कोकिल-कंठी समझ जाएगी कि यह कोई विदेशी है। किन्तु वह तान तो विदेशी नहीं है। अब भाषा न जानने की बाधा हवा हो जाएगी और तरुण घुमक्कड़ परम परिचित बन जाएगा। इशारे से वह सारी बातें जान जाएगी और उनके मन में यह ध्यान आ जाएगा कि इस अपरिचित प्रवाही को अकेले निरीह नहीं छोड़ना चाहिए। बस दो तानों की और आवश्यकता होगी, फिर वह व्यक्ति

खम देश के पहाड़ों में भी अपने को वैसे ही समझेगा, जैसे कि वह भारत के किसी कोने में हो। यदि वीणा, सितार जैसे लम्बे, भारी बाजों को वहाँ ले जाया जा सके, तो सिद्धहस्त घुमक्कड़ उनके द्वारा अपने गुण का परिचय दे सकेगा, किन्तु क्या वह उन्हें उसी तरह साथ ले जा सकता है, जैसे वंशी को। इसीलिए मैं वंशी को घुमक्कड़ का आदर्श वाद्य कहता हूँ।

वंशी हो या कोई भी वाद्य, उसका सीखना उसी व्यक्ति के लिए सुगम और अल्पसमय-साध्य है जिसकी संगीत के प्रति स्वतः रुचि है। मैं एक बारह-तेरह वर्ष के लड़के के बारे में जानता हूँ। उसे वंशी बजाने का शौक था। खेल-खेल में वंशी बजाना उसने शुरू किया; किसी के पास सीखने नहीं गया। जो कोई गाना सुनता, उसे अपनी वंशी में उतारने की कोशिश करता। इस प्रकार 12-13 वर्ष की उम्र में वंशी उसकी हो गई थी। जिसमें स्वाभाविक रुचि है, वंशी को अपनाना चाहिए। लेकिन इसका यह अर्थ नहीं कि जिसका दूसरे वाद्यों में प्रेम है, वह उन्हें छुए नहीं। वंशी को तो उसे कम-से-कम अवश्य ही सीख लेना चाहिए, इसके बाद चाहे तो और भी वाद्यों को सीख सकता है। बेहतर यह भी है कि अवसर होने पर आदमी एकाध विदेशी वाद्यों का भी परिचय प्राप्त कर ले। पहली यूरोप-यात्रा में मैं जिस जहाज में जा रहा था, उसमें यूरोपीय नर-नारी काफी थे और सायंकाल को नृत्यमंडली जम जाती थी। अधिकतर वह ग्रामोफोन रिकार्डों से बाजे का काम लेते थे। मेरे एक भारतीय तरुण साथी उसी जहाज से जा रहे थे। वह भारतीय बाजों के अतिरिक्त पियानो भी बजाते थे। लोगों ने उन्हें ढूँढ़ लिया और दो ही दिनों में देखा गया, वह सारी तरुण-मंडली के दोस्त हो गए। जैसे जहाज में हुआ, वैसे ही यदि यूरोप के किसी गाँव में भी वह पहुँचते, तो वहाँ भी यही बात होती।

वाद्य से नृत्य लोगों को मित्र बनाने में कम सहायक नहीं होता। जिसकी उधर रुचि है और यदि वह एक देश के 20-30 प्रकार के नृत्य को अच्छी तरह जानता है, तो उसे किसी देश के नृत्य को सीखने में बहुत समय नहीं लगेगा। यदि वह नृत्य में दूसरों के साथ शामिल हो जाए, तो एकमयता के बारे में क्या कहना है! मैं अपने को भाग्यहीन समझता हूँ जो नृत्य, वाद्य और संगीत में से किसी को नहीं जान पाया। स्वाभाविक रुचि का भी सवाल था। नवतरुणाई के समय प्रयत्न करने पर कुछ सीख जाता, इसमें भारी सन्देह है। मैं यह नहीं कहता कि नृत्य, गीत,

वाद्य को बिना सीखे घुमक्कड़ कृतकार्य नहीं हो सकता; और, न यही कहता हूँ कि केवल परिश्रम करके आदमी इन ललित कलाओं पर अधिकार प्राप्त कर सकता है। लेकिन इनके लाभ को देखकर भावी घुमक्कड़ों से कहूँगा कि कुछ भी रुचि होने पर वह संगीत-नृत्य-वाद्य को अवश्य सीखें।

नृत्य जान पड़ता है, वाद्य और संगीत से कुछ आसान है। कितनी ही बार बहुत लालसा से नवतरुणियों की प्रार्थना को स्वीकार करके मैं अखाड़े में नहीं उतर सका। कितनों को तो मेरे यह कहने पर विश्वास नहीं हुआ कि मैं नाचना नहीं जानता। यूरोप में हरेक व्यक्ति कुछ-न-कुछ नाचना जानता है। पिछले साल (1948) किन्नर देश के एक गाँव की बात याद आती है। उस दिन ग्राम में यात्रोत्सव था। मन्दिर की तरफ से घड़ों नहीं, कुंडों शराब बाँटी गई। बाजा शुरू होते ही अखाड़े में नर-नारियों ने गोल-पाँती (मंडली) बनानी शुरू की जो बढ़ते-बढ़ते तेहरी पंक्ति में परिणत हो गई। किन्नरियों का कंठ जितना ठोस और मधुर होता है, उनका संगीत जितना सरल और हृदयग्राही होता है, नृत्य उतना क्या, कुछ भी नहीं होता। उस नृत्य में वस्तुतः परिश्रम होता नहीं दिख रहा था। जान पड़ता था, लोग मजे से एक चक्कर में धीरे-धीरे टहल रहे हैं। बस बाजे की तान पर शरीर जरा-सा आगे-पीछे झुक जाता। इस प्रकार यद्यपि नृत्य आकर्षक नहीं था, किन्तु यह तो देखने में आ रहा था कि लोग उसमें सम्मिलित होने के लिए बड़े उत्सुक हैं। हमारे साथ ही वहाँ पहुँचे कचहरी के कुछ कायस्थ (लिपिक) और चपरासी मौजूद थे। मैंने देखा, कुछ ही मिनटों में शराब की लाली आँखों में उतरते ही बिना कहे ही वह नृत्य-मंडली में शामिल हो गए और अब उसी गाँव के लिए व्यक्ति की तरह झूमने लगे। मैं वहाँ प्रतिष्ठित मेहमान था। मेरे लिए खास तौर से कुर्सी लाकर रखी गई थी। मैं उसे पसन्द नहीं करता था। मुझे अफसोस हो रहा था—काश, मैं थोड़ा भी इस कला में प्रवेश रखता! फिर तो निश्चय ही मन्दिर की छत पर कुर्सी न तोड़ता, बल्कि मंडली में शामिल हो जाता। उससे मेरे प्रति उनके भावों में दुष्परिवर्तन नहीं होता। पहले जैसे मैं दूर का कोई भद्र पुरुष समझा जा रहा था, नृत्य में शामिल होने पर उनका आत्मीय बन जाता। घुमक्कड़ नृत्यकला में अभिज्ञ होकर यात्राओं को बहुत सरस और आकर्षक बना सकता है, उसके लिए सभी जगह आत्मीय बन्धु सुलभ हो जाते हैं। नृत्य, संगीत और वाद्य वस्तुतः कला नहीं, जादू है। पहले बतला चुका

हूँ कि घुमक्कड़ मानवमात्र को अपने समान समझता है, नृत्य तो क्रियात्मक रूप से आत्मीय बनाता है।

जिसकी संगीत की ओर प्रवृत्ति है, उसे भारतीय संगीत के साथ कुछ विदेशी संगीत का भी परिचय प्राप्त करना चाहिए। अपने देश के भोजन की तरह ही अपना संगीत भी अधिक प्रिय लगता है। आरम्भ में तो आदमी अपने संगीत का अंध पक्षपाती होता है और दूसरे देश के संगीत की अवहेलना करता है, तुच्छ समझता है। आदमी ऐसा जानबूझकर नहीं करता, बल्कि जिस तरह विदेशी भोजन में रुचि के लिए अभ्यास की आवश्यकता होती है, वही बात संगीत के बारे में भी है। लेकिन जब वह विदेशी संगीत को ध्यान से सुनता है, बारीकियों से परिचय प्राप्त करता है, तो उसमें भी रस आने लगता है। यह अफसोस की बात है कि हमारे देश में विदेशी संगीत को गुणीजन भी अवहेलना की दृष्टि से देखते हैं। इससे वह दूसरों को हानि नहीं पहुँचा सकते; हाँ, अपने सम्बन्ध में अवश्य बुरी धारणा पैदा करा सकते हैं। हम विदेशी संगीत के साथ सहानुभूति का अभ्यास कर इस कमी को दूर कर सकते हैं। संगीत, विशेषकर विदेशी संगीत के परिचय में भी बहुत सुभीता होगा यदि हम पश्चिम के संगीत की संकेत-लिपि को सीखें। हमारे देश में अपनी अलग स्वरलिपि बनाई गई है और उसमें भी भिन्न-भिन्न आचार्यों ने अलग-अलग स्वरलिपि चलानी चाही है। पाश्चात्य स्वर-लिपि तोक्यो, रोम से सानफ्रांसिस्को तक प्रचलित है। कोई जापानी यह शिकायत करते नहीं पाया जाता कि उसका संगीत पश्चिमी स्वरलिपि में नहीं लिखा जा सकता। लेकिन हमारे गुणी कहते हैं कि भारतीय संगीत को पश्चिमी स्वरलिपि में नहीं उतारा जा सकता। पहले तो मैं यह कहने का साहस नहीं कर सकता था, लेकिन रूस के एक तरुण संगीतज्ञ ने जब भारतीय ग्रामोफोन रेकार्ड से हमारे उस्तादी संगीत को यूरोपीय स्वरलिपि में उतार कर पियानो पर बजा दिया, उस दिन से मुझे विश्वास हो गया कि हमारे संगीत को पश्चिमी स्वरलिपि में उतारा जा सकता है। हाँ, उसमें जहाँ-तहाँ हल्का-सा परिवर्तन करना पड़ेगा। आखिर संस्कृत और पाली लिखने के लिए भी रोमन लिपि का प्रयोग करते वक्त थोड़े से संकेतों में परिवर्तन की आवश्यकता पड़ी। संगीत के सम्बन्ध में भी उसी तरह कुछ चिह्न बढ़ाने पड़ेंगे। मैं समझता हूँ, पश्चिमी स्वरलिपि को न अपनाकर हम अपनी हानि कर रहे हैं। जिन देशों में वह स्वरलिपि स्वीकार कर ली गई है,

वहाँ लाखों लड़के-लड़कियाँ इस स्वरलिपि में छपे ग्रन्थों से संगीत का आनन्द लेते हैं। हमारा संगीत यदि पश्चिमी स्वरलिपि में लिखा जाए, तो वहाँ के संगीत-प्रेमियों को उससे परिचय प्राप्त करने का अच्छा अवसर मिलेगा और फिर वह हमारी चीज की कदर करने लगेंगे।

खैर, पश्चिमी स्वरलिपि को हमारे गुणीजन कब स्वीकार करेंगे, इसे समय बतलाएगा; किन्तु हमारे घुमक्कड़ों के पास तो ऐसी संकीर्णता नहीं फटकनी चाहिए। उन्हें पश्चिमी स्वरलिपि द्वारा भी संगीत सीखना चाहिए। इसके द्वारा वह स्वदेशी और विदेशी दोनों संगीतों के पास पहुँच सकते हैं, उनका आनन्द ले सकते हैं; इतना ही नहीं, बल्कि अज्ञात देशों में जाकर उनके संगीत का आसानी से परिचय प्राप्त कर सकते हैं।

संक्षेप में यह कहा जा सकता है कि घुमक्कड़ के लिए नृत्य, वाद्य और संगीत तीनों का भारी उपयोग है। वह इन ललित कलाओं द्वारा किसी भी देश के लोगों में आत्मीयता स्थापित कर सकता है और कहीं भी एकान्तता का अनुभव नहीं कर सकता। जो बात इन ललित कलाओं और तरुण घुमक्कड़ों के लिए कही गई, वही बात तरुणी घुमक्कड़ों के लिए भी हो सकती है। घुमक्कड़ तरुणी को नृत्य-वाद्य-संगीत का अभ्यास अवश्य करना चाहिए। घूमने में बहुत सुभीता होगा यदि वे पुस्तकीय ज्ञान से ऊपर उठकर संगीत के समुद्र में गोता लगाएँ।

पिछड़ी जातियों में

बाहर वालों के लिए चाहे वह कष्ट, भय और रूखेपन का जीवन मालूम होता हो, लेकिन घुमक्कड़ी-जीवन घुमक्कड़ के लिए मिसरी का लड्डू है जिसे जहाँ से खाया जाए, वहीं से मीठा लगता है—मीठा से मतलब स्वाद से है। सिर्फ मिठाई में ही स्वाद नहीं है, छहों रसों में अपना-अपना मधुर स्वाद है। घुमक्कड़ क़ी यात्रा जितनी कठिन होगी, उतना ही अधिक उसमें उसको आकर्षण होगा। जितना ही देश या प्रदेश अधिक अपरिचित होगा, उतना ही अधिक वह उसके लिए लुभावना रहेगा। जितनी ही कोई जाति ज्ञानक्षेत्र से दूर होगी, उतनी ही वह घुमक्कड़ के लिए दर्शनीय होगी। दुनिया में सबसे अज्ञात देश और अज्ञात दृश्य जहाँ हैं, वहीं पर सबसे पिछड़ी जातियाँ दिखाई पड़ती हैं। घुमक्कड़ प्रकृति या मानवता को तटस्थ दृष्टि से नहीं देखता, उनके प्रति उसकी अपार सहानुभूति होती है और यदि वह वहाँ पहुँचता है, तो केवल अपनी घुमक्कड़ी प्यास को ही पूरा नहीं करता, बल्कि दुनिया का ध्यान उन पिछड़ी जातियों की ओर आकृष्ट करता है, देशभाइयों का ध्यान छिपी सम्पत्ति और वहाँ विचरते मानव की दरिद्रता की ओर आकर्षित करने के लिए प्रयत्न करता है। अफ्रीका, एशिया या अमेरिका की पिछड़ी जातियों के बारे में घुमक्कड़ों का प्रयत्न सदा स्तुत्य रहा है। हाँ, मैं यह प्रथम श्रेणी के घुमक्कड़ों की बात कहता हूँ, नहीं तो कितने ही साम्राज्य-लोलुप घुमक्कड़ भी समय-समय पर इस परिवार को बदनाम करने के लिए इसमें शामिल हुए और उनके ही प्रयत्न का

परिणाम हुआ—तस्मानियन जाति का विश्व से उठ जाना, दूसरी बहुत-सी जातियों का पतन के गर्त में गिर जाना। हमारे देश में भी अंग्रेजों की ओर से आँख पोंछने के लिए ही आदिम जातियों की ओर ध्यान दिया गया और कितनी ही बार देश की परतंत्रता को मजबूत करने के लिए उनमें राष्ट्रीयता-विरोधी भावना जागृत करने की कोशिश की गई। भारत में पिछड़ी जातियों की संख्या दो सौ से कम नहीं है। यहाँ हम उनके नाम दे रहे हैं जिनमें भावी घुमक्कड़ों में से शायद कोई अपना कार्यक्षेत्र बनाना चाहें। पहले हम उन प्रान्तों की जातियों के नाम देते हैं जिनमें हिन्दी समझी जा सकती है—

1. उत्तर प्रदेश में

1. भुइयाँ	2. बैसवार	3. बैगा
4. गोंड	5. खरवार	6. कोल
7. ओझा		

2. पंजाब में

पूर्वी पंजाब के स्पीति और लाहुल इलाके में तिब्बती भाषाभाषी जातियाँ बसती हैं जो आंशिक तौर से ही पिछड़ी हुई हैं।

3. बिहार में

1. असुर	2. बनजारा	3. बथुड़ी
4. बेटकर	5. बिंझिया	6. बिरहोर
7. बिर्जिया	8. चेरो	9. चिकबड़ाइक
10. गडबा	11. घटवार	12. गोंड
13. गोराइन	14. हो	15. जुआंग
16. करमाली	17. खड़िया	18. खड़वार
19. खेतौड़ी	20. खोंड	21. किसान
22. कोली	23. कोरा	24. कोरवा
25. महली	26. मलपहड़िया	27. मुंडा

28. उडाँव	29. पढ़िया	30. संथाल
31. सौरियापहड़िया	32. सवार	33. थारू

इनके अतिरिक्त निम्न जातियाँ भी बिहार में हैं—

34. बौरियाँ	35. भोगता	36. भूमिज
37. घासी	38. पान	39. रजवार
40. तुरी		

4. मध्य प्रदेश में

1. गोंड	2. कवार	3. मरिया
4. मुरिया	5. हल्बा	6. परधान
7. उडाँव	8. बिंझवार	9. अंध
10. भरिया-भुमिया	11. कोली	12. भट्ट्रा
13. बैगा	14. कोलम्	15. भील
16. भुँइहार	17. धनवार	18. भैना
19. परजा	20. कमार	21. भुँजिया
21. नगरची	23. ओझा	24. कोरकू
25. कोल	26. नगसिया	27. सवारा
28. कोरवा	29. मझवार	30. खड़िया
31. सौंता	32. कोंध	33. निहाल
34. बिरहुल (बिरहोर)	35. रौतिया	36. पंडो

5. मद्रास में

हिन्दी भाषाभाषी प्रान्तों के बाहर पहले मद्रास को ले लीजिए—

1. बगता	2. भोट्टदास	3. भुमियाँ
4. बिसोई	5. ढक्कदा	6. डोम्ब
7. गडबा	8. घासी	9. गोंड़ी

10. गौडू	11. कौसल्या गौडू	12. मेगथा गौडू
13. सीरिथी गौडू	14. होलवा	15. जदपू
16. जटपू	17. कम्मार	18. खत्तीस
19. कोडू	20. कोम्मार	21. कोंडाघारा
22. कोंडा-कापू	23. कोंडा-रेड्डी	24. कोटिया
25. कोया (गौड़)	26. मदिगा	27. माला
28. माली	29. मौने	30. मन्नढोरा
31. मुरा ढोरा	32. मूली	33. मुरिया
34. ओजुलू	35. ओमा नैतो	36. पैगरापो
37. पलसी	38. पल्ली	39. पेंतिया
40. पोरजा	41. रेड्डी ढोरा	42. रेल्ली (सचंडी)
43. रोना	44. सवर	

6. बम्बई में

मद्रास की पिछड़ी जातियों में घुमक्कड़ के लिए हिन्दी उतनी सहायक नहीं होगी, किन्तु बम्बई में उससे काम चल जाएगा। बम्बई की पिछड़ी जातियाँ हैं—

1. बर्दा	2. बवचा	3. भील
4. चोधरा	5. ढंका	6. धोदिया
7. दुबला	8. गमटा	9. गोंड
10. कठोदी (कटकरी)	11. कोंकना	12. कोली महादेव
13. मवची	14. नायक	15. परधी
16. पटेलिया	17. पोमला	18. पोवारा
19. रथवा	20. तदवी भील	21. ठाकुर
22. बलवाई	23. वर्ली	24. वसवा

7. उड़ीसा में

1. बगता	2. बनजारी	3. चेंपू
4. गड़बो	5. गोंड	6. जटपू

7. खोंड	8. कोंडाडोरा	9. कोया
10. परोजा	11. सौरा (सवार)	12. उड़ाँव
13. संथाल	14. खड़िया	15. मुंडा
16. बनजारा	17. बिंझिया	18. किसान
19. कोली	20. कोरा	

8. पश्चिमी बंगाल में

1. बोटिया	2. चकमा	3. कूकी
4. लेपचा	5. मुंडा	6. माघ
7. म्रो	8. उड़ाँव	9. संथाल
10. टिपरा		

9. आसाम में

1. कछारी	2. बोरो-कछारी	3. राभा
4. मिरी	5. लालुङ्	6. मिकिर
7. गारो	8. हजोन्फी	9. देवरी
10. अवोर	11. मिस्मी	12. डफला
13. सिङ्फो	14. खम्प्ती	15. नागा
16. ककी		

यह पिछड़ी जातियाँ दूर के घने जंगलों और जंगल के ढके दुर्गम पहाड़ों में रहती हैं जहाँ अब भी बाघ, हाथी और दूसरे श्वापद निर्द्वंद्व विचरते हैं। जो पिछड़ी जातियाँ अपने प्रान्त में रहती हैं, शायद उनकी ओर घुमक्कड़ का ध्यान न आकृष्ट हो, क्योंकि यात्रा चार-छह सौ मील की भी न हो, तो मजा क्या? 100-50 मील पर रहने वाले तो घर की मुर्गी साग बराबर हैं। लेकिन आसाम की पिछड़ी जातियों का आकर्षण भी कम नहीं होगा। आसाम की एक ओर उत्तरी बर्मा की दुर्गम पहाड़ी भूमि तथा पिछड़ी जातियाँ हैं और दूसरी तरफ रहस्यमय तिब्बत है। स्वयं यहाँ की पिछड़ी जातियाँ एक रहस्य हैं। यहाँ नाना मानव-वंशों का समागम है। इनमें कुछ

उन जातियों से सम्बन्ध रखती हैं जो स्याम (थाई) और कम्बोज में बसती हैं। कुछ का सम्बन्ध तिब्बत जाति से है। जहाँ ब्रह्मपुत्र (लौहित्य) तिब्बत के गगनचुम्बी पर्वतों को तोड़कर पूरब से अपनी दिशा को एकदम दक्षिण की ओर मोड़ देती है, वहीं से ये जातियाँ आरम्भ होती हैं। इनमें कितनी ही जगहें हैं जहाँ घने जंगल हैं, वर्षा तथा गर्मी होती है; लेकिन कितनी ऐसी जगहें भी हैं जहाँ जाड़ों में बर्फ पड़ा करती है। मिस्मी, मिकिर, नागा आदि जातियाँ तथा उनके पुराने सीधे-सादे रिवाज घुमक्कड़ का ध्यान आकृष्ट किये बिना नहीं रह सकते। हमारे देश से बाहर भी इसी तरह की पिछड़ी जातियाँ बिखरी पड़ी हुई हैं। जहाँ शासन धनिक वर्ग के हाथ में है, वहाँ आशा नहीं की जा सकती कि इस शताब्दी के अन्त तक भी ये जातियाँ अन्धकार से आधुनिक प्रकाश में आ सकेंगी।

मैं यह नहीं कहता कि हमारे घुमक्कड़ विदेशी पिछड़ी जातियों में न जाएँ। यदि सम्भव हो तो मैं कहूँगा, वह ध्रुवकक्षीय एस्किमो लोगों के चमड़े के तम्बुओं में जाएँ और उस देश की सर्दी का अनुभव प्राप्त करें जहाँ की भूमि लाखों वर्षों से आज भी बर्फ बनी हुई है, जहाँ तापांक हिमबिन्दु से ऊपर उठना नहीं जानता। लेकिन मैं भारतीय घुमक्कड़ को यह कहूँगा कि हमारे देश की आरण्यक-जातियों में उसके साहस और जिज्ञासा के लिए कम क्षेत्र नहीं है। पिछड़ी जातियों में जाने वाले घुमक्कड़ को कुछ खास तैयारी करने की आवश्यकता होगी। भाषा न जानने पर भी ऐसे देशों में जाने में कितनी ही बातों का सुभीता होता है जहाँ के लोग सभ्यता की अगली सीढ़ी पर पहुँच चुके हैं, किन्तु पिछड़ी जातियों में बहुत बातों की सावधानी रखनी पड़ती है। सावधानी का मतलब यह नहीं कि अंग्रेजों की तरह वह भी पिस्तौल-बन्दूक लेकर जाएँ। पिस्तौल-बन्दूक पास रखने का मैं विरोधी नहीं हूँ। घुमक्कड़ को यदि वन्य और भयानक जंगलों में जाना हो, तो आवश्यक हथियार लेकर जाए। पिछड़ी जातियों में जाने वाले को वैसे भी अच्छा निशानची होना चाहिए। इसके लिए चाँदमारी में कुछ समय देना चाहिए। वन्य मानवों को तो अपने प्रेम और सहानुभूति से जीतना होगा। भ्रम या सन्देहवश यदि खतरे में पड़ना हो, तो उसकी परवाह नहीं। वन्य जातियाँ भी अपरिमित मैत्री भावना से पराजित होती हैं। हथियार का अभ्यास सिर्फ इसलिए आवश्यक है कि घुमक्कड़ को अपने इन बन्धुओं के साथ शिकार में जाना पड़ेगा। पिछड़ी जातियों में जाने वाले को उनके

सामाजिक जीवन में शामिल होने की बड़ी आवश्यकता है। उनके हरेक उत्सव, पर्व तथा दूसरे दुख-सुख के अवसरों पर घुमक्कड़ को एकात्मता दिखानी होगी। हो सकता है, आरम्भ में अधिक लज्जाशील जातियों में फोटो कैमरे का उपयोग अच्छा न हो, किन्तु अधिक परिचय हो जाने पर हर्ज नहीं होगा। घुमक्कड़ को यह भी खयाल रखना चाहिए कि वहाँ की घड़ी धीमी होती है; काम के लिए समय अधिक लगता है।

आसाम की वन्य जातियों में जाने के लिए भाषा का ज्ञान भी आवश्यक है। आसाम के शिवसागर, तेजपुर, ग्वालपाड़ा आदि छोटे-बड़े सभी नगरों में हिन्दीभाषी निवास करते हैं। वहाँ जाकर इन जातियों के बारे में ज्ञातव्य बातें जानी जा सकती हैं। अंग्रेजों की लिखी पुस्तकों[1] से भी भूमि, लोग, रीति-रिवाज तथा भाषा के बारे में कितनी ही बातें जानी जा सकती हैं। लेकिन स्मरण रखना चाहिए, कि स्थान पर जा अपने उन बन्धुओं से जितना जानने का मौका मिलेगा, उतना दूसरी तरह से नहीं।

पिछड़ी जातियों के पास जीवनोपयोगी सामग्री जमा करने के साधन पुराने होते हैं। वहाँ उद्योग-धंधे नहीं होते, इसीलिए वह ऐसी जगहों पर ही जीवित रह सकती हैं जहाँ प्रकृति प्राकृतिक रूप में भोजन-छाजन देने में उदार है, इसीलिए वह सुन्दर-से-सुन्दर आरण्यक और पार्वत्य-दृश्यों के बीच में वास करती हैं। घुमक्कड़ इन प्राकृतिक सुषमाओं का स्वयं आनन्द ले सकता है और अपनी लेखनी तथा तूलिका द्वारा दूसरों को भी दिला सकता है। घुमक्कड़ को पहली बात जो ध्यान में रखनी है, वह है—समानता का भाव, अर्थात् उन लोगों में समान रूप से घुल-मिल जाने का प्रयत्न करना। शारीरिक मेहनत का वहाँ भी उपयोग हो सकता है, किन्तु वह जीविका कमाने के लिए उतना नहीं, जितना कि आत्मीयता स्थापित करने के लिए। नृत्य और वाद्य यह दो चीजें ऐसी हैं जो सबसे जल्दी घुमक्कड़ को आत्मीय बना सकती हैं। इन लोगों में नृत्य, वाद्य और संगीत श्वास की तरह जीवन के अभिन्न अंग हैं। वंशी वाले घुमक्कड़ को पूरी बन्धुता स्थापित करने के लिए दो दिन की आवश्यकता होगी। यद्यपि सभ्यता का मानदंड सभी जातियों का एक-सा नहीं है

---

1. हटन, मिल्स, हडसन आदि की पुस्तकें, जिन्हें आसाम सरकार ने प्रकाशित किया।

और एक जगह का सभ्यता-मानदंड सभी जगह मान्य नहीं हुआ करता। इसका यह अर्थ नहीं कि उसकी हर समय अवहेलना की जाए; तो भी सभ्य जातियों में जाने पर उसका अनुसरण अनुकरणीय है। यदि कोई यूरोपीय जूठे प्याले में चम्मच डालकर उससे फिर चीनी निकालने लगता है, तो हमारे शुद्धिवादी भाई नाक-भौं सिकोड़ते हैं। यूरोपीय पुरुष को यह समझना मुश्किल नहीं है, क्योंकि चिकित्सा-विज्ञान में जूठे के सम्पर्क को हानिकर बतलाया गया है। इसी तरह हमारे सभ्य भारतीय भी कितनी ही बार भद्दी गलती करते हैं जिसे देखकर यूरोपीय पुरुष को घृणा हो जाती है; जूठ का विचार रखते हुए भी वह कान और नाक के मल की ओर ध्यान नहीं देते; लोगों के सामने दाँत में अँगुली डाल के खरिका करते हैं—यह पश्चिम के भद्र समाज में बहुत बुरा समझा जाता है। इसी तरह हमारे लोग नाक या आँख पोंछने के लिए रूमाल का इस्तेमाल नहीं करते और उसके लिए हाथ को ही पर्याप्त समझते हैं, अथवा बहुत हुआ तो उनकी धोती, साड़ी का कोना ही रूमाल का काम देता है। ये बातें शुद्धिवाद के विरुद्ध हैं।

पिछड़ी जातियों के भी कितने ही रीति-रिवाज हो सकते हैं जो हमारे यहाँ से विरुद्ध हों, लेकिन ऐसे भी नियम हो सकते हैं जो हमारी अपेक्षा अधिक शुद्धता और स्वास्थ्य के अनुकूल हों। रीति-रिवाजों की स्थापना में सर्वदा कोई पक्का तर्क काम नहीं करता। अज्ञात शक्तियों के कोप का भय कभी शुद्धि के खयाल में काम करता है, कभी किसी अज्ञात भय का आतंक। नवीन स्थान में जाने पर यह गुर ठीक है कि लोगों को जैसा करते देखो, उसकी नकल तुम भी करने लगो। ऐसा करके हम उनको अपनी तरफ आकृष्ट करेंगे और बहुत देर नहीं होगी, वह अपने हृदय को हमारे लिए खोल देंगे।

वन्य जातियों में जाने वाला घुमक्कड़ केवल उन्हें कुछ दे ही नहीं सकता, बल्कि उनसे कितनी वस्तुएँ ले भी सकता है। उसकी सबसे अच्छी देन है दवाइयाँ, जिन्हें अपने पास अवश्य रखना और समय-समय पर अपनी व्यावहारिक बुद्धि से प्रयोग करना चाहिए। यूरोपीय लोग शीशे की मनियाँ, गुरियों और मालाओं को ले जाकर बाँटते हैं। जिसको एक-दो दिन रहना है, उसका काम इस तरह चल सकता है। घुमक्कड़ यदि मानव-वंश, मानव-तत्त्व का कामचलाऊ ज्ञान रखता है, नृतत्व के बारे में रुचि रखता है, तो वहाँ से बहुत-सी वैज्ञानिक महत्त्व

की चीजें प्राप्त कर सकता है। स्मरण रखना चाहिए कि प्रागैतिहासिक मानव-इतिहास का परिज्ञान करने के लिए इनकी भाषा और कारीगरी बहुत सहायक सिद्ध हुई है। घुमक्कड़ मानव-तत्त्व की समस्याओं का विशेषत: अनुशीलन करके उनके बारे में देश को बतला सकता है, उनकी भाषा की खोज करके भाषाविज्ञान के सम्बन्ध में कितने ही नये तत्त्वों को ढूँढ़ निकाल सकता है। जनकला तो इन जातियों की सबसे सुन्दर चीज है, वह सिर्फ देखने-सुनने में ही रोचक नहीं है, बल्कि सम्भव है, उनसे हमारी सभ्यता और सांस्कृतिक कला को भी कोई नई चीज मिले।

वन्य जातियों में एकरूपता स्थापित करने के लिए एक अंग्रेज विद्वान् ने उन्हीं की लड़की ब्याह ली। घुमक्कड़ के लिए विवाह सबसे बुरी चीज है, इसलिए मैं समझता हूँ, इस सस्ते हथियार को इस्तेमाल नहीं करना चाहिए। यदि घुमक्कड़ को अधिक एक बनने की चाह है, तो वह वन्य जातियों की पर्णकुटी में रह सकता है, उनके भोजन से तृप्ति प्राप्त कर सकता है, फिर एकतापादन के लिए ब्याह करने की आवश्यकता नहीं। घुमक्कड़ ने सदा चलते रहने का व्रत लिया है, वह कहाँ-कहाँ ब्याह करके आत्मीयता स्थापित करता फिरेगा? वह अपार सहानुभूति, बुद्ध के शब्दों में—अपरिमित मैत्री—तथा उनके जीवन या जनकला में प्रवीणता प्राप्त करके ऐसी आत्मीयता स्थापित कर सकेगा, जैसी दूसरी तरह सम्भव नहीं है। कहीं वह सायंकाल को किसी गाँव में चटाई पर बैठा किसी वृद्धा से युगों की दुहराई जाती कथा सुन रहा है; कहीं स्वच्छन्दता और निर्भीकता की साकार मूर्ति वहाँ के तरुण-तरुणियों की मंडली में वंशी बजा उनके गीतों को दुहरा रहा है; यह है ढंग जिससे कि वह अपने को उनसे अभिन्न साबित कर सकेगा। छह महीने-वर्ष भर रह जाने पर पारखी घुमक्कड़ दुनिया को बहुत-सी चीजें उनके बारे में दे सकता है।

आदमी जब अछूती प्रकृति और उसकी औरस संतानों में जाकर महीनों और साल बिताता है, उस वक्त भी उसे जीवन का आनन्द आता है। वह हर रोज नये-नये आविष्कार करता है। कभी इतिहास, कभी नृवंश, कभी भाषा और कभी दूसरे किसी विषय में नई खोज करता है। जब वह वहाँ से, समय और स्थान दोनों में दूर चला जाता है, तो उस समय पुरानी स्मृतियाँ बड़ी मधुर थाती बनकर पास रहती

हैं। वह यद्यपि उसके लिए जीवन के साथ समाप्त हो जाएँगी, किन्तु मौन तपस्या करना जिनका लक्ष्य नहीं है, वह उन्हें अंकित कर जाएँगे और फिर लाखों जनों के सम्मुख वह मधुर दृश्य उपस्थित होते रहेंगे।

वन्य जातियों में घूमना, मनन, अध्ययन करना एक बहुत रोचक जीवन है। भारत में इस काम के लिए काफी प्रथम श्रेणी के घुमक्कड़ों की आवश्यकता है। हमारे कितने ही तरुण व्यर्थ का जीवन-यापन करते हैं। उस जीवन को व्यर्थ ही कहा जाएगा जिससे आदमी न स्वयं लाभ उठाता है, न समाज को ही लाभ पहुँचाता है। जिसके भीतर घुमक्कड़ी का छोटा-मोटा भी अंकुर है, उससे तो आशा नहीं की जा सकती कि वह अपने जीवन को इस तरह बेकार करेगा। किन्तु बाज वक्त घुमक्कड़ी की महिमा को आदमी जान नहीं पाता और जीवन को मुफ्त में खो देता है। आज दो तरुणों की स्मृति मेरे सामने है। दोनों ने पच्चीस वर्ष की आयु से पहले ही अपने हाथों अपने जीवन को समाप्त कर दिया। उनमें एक इतिहास और संस्कृत का असाधारण मेधावी विद्यार्थी था; एक कॉलेज में प्रोफेसर बनकर गया था। उसे वर्तमान से संतोष नहीं था और चाहता था और भी अपने ज्ञान और योग्यता को बढ़ाए। राजनीति में आगे बढ़े हुए विचार उसके लिए हानिकारक साबित हुए और नौकरी छोड़कर चला जाना पड़ा। उसके पिता गरीब नहीं थे, लेकिन पिता की पेंशन पर वह जीवन-यापन करना अपने लिए परम अनुचित समझता था। दरवाजे उसे उतने ही मालूम थे जितने कि दीख पड़ते थे। तरुणों के लिए और भी खुल सकने वाले दरवाजे हैं, इसका उसे पता नहीं था। वह जान सकता था, आसाम के कोने में एक मिसमी जाति है या मणिपुर में स्त्री-प्रधान जाति है जो सूरत में मंगोल, भाषा में स्यामी और धर्म में पक्की वैष्णव है। वहाँ उसे मासिक सौ-डेढ़ सौ की आवश्यकता नहीं होगी और न निराश होकर अपनी जीवन-लीला समाप्त करने की आवश्यकता। सिर्फ हाथ-पैर हिलाने-डुलाने की आवश्यकता थी, फिर एक मिसमी वा मणिपुरी ग्रामीण तरुण के सुखी और निश्चित जीवन को अपनाकर वह आगे बढ़ सकता, अपने ज्ञान को भी बढ़ा सकता था, दुनिया को भी कितनी ही नई बातें बतला सकता था। क्या आवश्यकता थी उसको अपने जीवन को इस प्रकार फेंकने की? इतने उपयोगी जीवन को इस तरह गँवाना क्या कभी समझदारी का काम समझा जा सकता है?

दूसरा तरुण राजनीति का तेज विद्यार्थी था और साधारण नहीं असाधारण। उसमें बुद्धिवाद और आदर्शवाद का सुन्दर मिश्रण था। एम. ए. को बहुत अच्छे नम्बरों से पास किया था। वह स्वस्थ, सुन्दर और विनीत था। उसका घर भी सुखी था। होश सँभालते ही उसने बड़ी-बड़ी कल्पनाएँ शुरू की थीं। ज्ञानार्जन तो अपने लघु जीवन के क्षण-क्षण में उसने किया था, लेकिन उसने भी एक दिन अपने जीवन का अन्त पोटैसियम साइनाइड खा के कर दिया। कहते हैं, उसका कारण प्रेम था। लेकिन वह प्रेमी कैसा जो प्रेम के लिए 5-7 वर्ष की प्रतीक्षा न कर सके और प्रेम कैसा जो आदमी की विवेक-बुद्धि पर परदा डाल दे, सारी प्रतिभा को बेकार कर दे? यदि उसने जीवन को बेकार ही समझा था, तो कम-से-कम उसे किसी ऐसे काम के लिए देना चाहिए था जिससे दूसरों का उपकार होता। जब अपने कुरते को फेंकना ही है, तो आग में न फेंककर किसी आदमी को क्यों न दे दें जिसमें उसकी सर्दी-गर्मी से रक्षा हो सके। तरुण-तरुणियाँ कितनी ही बार ऐसी बेवकूफी कर बैठते हैं और समाज के लिए, देश के लिए, विद्या के लिए उपयोगी जीवन को कौड़ी के मोल नहीं, बिना मोल फेंक देते हैं। क्या वह तरुण अपने राजनीति और अर्थशास्त्र के असाधारण ज्ञान, अपनी लगन, निर्भीकता तथा साहस को लेकर किसी पिछड़ी जाति में, किसी अछूते प्रदेश में नहीं जा सकता था? यह कायरता थी, या इसे पागलपन कहना चाहिए?—शत्रु से बिना लोहा लिये उसने हथियार डाल दिया। पोटेशियम साइनाइड बहुत सस्ता है, रेल के नीचे कटना या पानी में कूदना बहुत आसान है, खोपड़ी में एक गोली खाली कर देना भी एक चवन्नी की बात है, लेकिन डटकर अपनी प्रतिद्वंद्वी शक्तियों से मुकाबला करना कठिन है। तरुण से आशा की जा सकती है कि उसमें दोनों गुण होंगे। मैं समझता हूँ, घुमक्कड़ी धर्म के अनुयायी तथा इस शास्त्र के पाठक कभी इस तरह की बेवकूफी नहीं करेंगे, जैसा कि उक्त दोनों तरुणों ने किया। एक को तो मैं कोई परामर्श नहीं दे सकता था, यद्यपि उसका पत्र रूस में पहुँचा था, किन्तु मेरे लौटने से पहले ही वह संसार छोड़ चुका था। मैं मानता हूँ, खास परिस्थिति में जब जीवन का कोई उपयोग न हो और मरकर ही वह कुछ उपकार कर सकता हो, तो मनुष्य को : अपने जीवन को खत्म कर देने का अधिकार है। ऐसी आत्महत्या किसी नैतिक कानून के विरुद्ध नहीं, लेकिन ऐसी स्थिति हो,

तब न? दूसरा तरुण मेरे भारत लौटने तक जीवित था। यदि वह मुझसे मिला होता या मुझे किसी तरह पता लग गया होता, तो मैं ऐसी बेवकूफी न करने देता। विद्या, स्वास्थ्य, तारुण्य, आदर्शवाद इनमें से एक भी दुर्लभ है और जिसमें सारे हों, ऐसे जीवन को इस तरह फेंकना क्या हृदयहीनता की बात नहीं है? असली घुमक्कड़ मृत्यु से नहीं डरता, मृत्यु की छाया से वह खेलता है। लेकिन हमेशा उसका लक्ष्य रहता है, मृत्यु को परास्त करना—वह अपनी मृत्यु द्वारा उस मृत्यु को परास्त करता है।

घुमक्कड़ जातियों में

दुनिया के सभी देशों और जातियों में जिस तरह घूमा जा सकता है, उसी तरह वन्य और घुमक्कड़ जातियों में नहीं घूमा जा सकता। इसीलिए यहाँ हमें ऐसे घुमक्कड़ों के लिए विशेष तौर से लिखने की आवश्यकता पड़ी। भावी घुमक्कड़ों को शायद यह तो पता होगा कि हमारे देश की तरह दूसरे देशों में भी कुछ ऐसी जातियाँ हैं जिनका न कहीं एक जगह घर है और न कोई एक गाँव। यह कहना चाहिए कि वे लोग अपने गाँव और घर को अपने कन्धों पर उठाये चलते हैं। ऐसी घुमक्कड़ जातियों के लोगों की संख्या हमारे देश में लाखों है और यूरोप में भी वह बड़ी संख्या में रहती हैं। जाड़ा हो या गर्मी अथवा बरसात, वे लोग चलते ही रहते हैं। जीविका के लिए कुछ करना चाहिए, इसलिए वह चौबीसों घंटे घूम नहीं सकते। उन्हें बीच-बीच में कहीं-कहीं पाँच-दस दिन के लिए ठहरना पड़ता है। हमारे तरुणों ने अपने गाँव में कभी-कभी इन लोगों को देखा होगा। किसी वृक्ष के नीचे ऊँची जगह देखकर वह अपनी सिरकी लगाते हैं। यूरोप में उनके पास तम्बू या छोलदारी हुआ करती है और हमारे यहाँ सिरकियाँ। हमारे यहाँ की बरसात में कपड़े के तम्बू बहुत अच्छी किस्म के होने पर ही काम दे सकते हैं, नहीं तो वह पानी छानने का काम करेंगे। उसकी जगह हमारे यहाँ सिरकी को छोलदारी के तौर पर टाँग दिया जाता है। सिरकी सरकंडे का सरा है जो सरकंडे की अपेक्षा कई गुनी हल्की होती है। एक लाभ इसमें यह है कि सिरकी की बनी छोलदारी कपड़े की अपेक्षा बहुत

हल्की होती है। पानी इसमें घुस नहीं सकता, इसलिए जब तक वह आदमी के सिर पर है, भीगने का कोई डर नहीं। लचीली होने से वह जल्दी टूटने वाली भी नहीं है और पचकने वाली होने से एक दूसरे से दबकर चिपक जाती है और पानी की बूँद दरार से पार नहीं जा सकती। इन सब गुणों के होते हुए भी सिरकी बहुत सस्ती है। उसके बनाने में भी अधिक कौशल की आवश्यकता नहीं, इसलिए घुमक्कड़ जातियाँ स्वयं अपनी सिरकी तैयार कर लेती हैं। इस प्रकार पाठक यह भी समझ सकते हैं कि इन घुमक्कड़ों को क्यों 'सिरकीवाला' कहते हैं।

बरसात का दिन है। वर्षा कई दिनों से छूटने का नाम नहीं ले रही है। घर के द्वार पर कीचड़ का ठिकाना नहीं है जिसमें गोबर मिलकर और भी बुरी तरह सड़ रहा है और उनके भीतर पैर रखकर चलते रहने पर चार-छह दिन में अँगुलियों के पोर सड़ने लगते हैं, इसलिए गाँव के किसान ऊँचे-ऊँचे पौवे (खड़ाऊँ) पहनते हैं। वही पौवे जो हमारे यहाँ गँवारी चीज समझे जाते हैं और नगर या गाँव के भद्र पुरुष भी उसे पहनना असभ्यता का चिह्न समझते हैं, किन्तु जापान में गाँव ही नहीं, तोक्यो—जैसे महानगर में चलते पुरुष ही नहीं, भद्रकुलीना महिलाओं के पैरों में शोभा देता है। वह पौवा लगाये सड़क पर खट्-खट् करती चली जाती हैं। वहाँ इसे कोई अभद्र चिह्न नहीं समझता। हाँ, तो ऐसी बदली के दिनों में घुमक्कड़ बनने की इच्छा रखने वाले तरुणों में बहुत कम होंगे जो घर से बाहर निकलने की इच्छा रखते हों—कम-से-कम स्वेच्छा से तो वह बाहर नहीं जाना चाहेंगे। लेकिन ऐसी सप्ताह वाली बदली में गाँव के बाहर किसी वृक्ष के नीचे या पोखरे के भिंडे पर आप सिरकीवालों को अपनी सिरकी के भीतर बैठे देखेंगे। इस वर्षा-बूँदी में चार हाथ लम्बी, तीन हाथ चौड़ी सिरकी के घरों में दो-तीन परिवार बैठे होंगे। उनको अपनी भैंस के चारे की चिन्ता बहुत नहीं तो थोड़ी होगी ही।

सिरकीवाले अधिकतर भैंस पसन्द करते हैं; कोई-कोई गधा भी। राजपूताना और बुंदेलखंड में घूमने वाले घुमक्कड़ लोहार ही ऐसे हैं जो अपनी एकबैलिया गाड़ी रखते हैं। सिरकीवालों की भैंस दूध के लिए नहीं पाली जाती। मैंने तो उनके पास दूध देने वाली भैंस कभी नहीं देखी। वह प्रायः बहिला भैंस रखते हैं। भैंसा भी उनके पास कम ही देखा जाता है। बहिला भैंस पसन्द करने का कारण उसका सस्तापन है। बरसात में चारे की उतनी कठिनाई नहीं होती। घास जहाँ-तहाँ

उगी रहती है जिसके चराने-काटने में किसान विरोध नहीं करते। किन्तु भैंस को खुला तो नहीं छोड़ा जा सकता, कहीं किसान के खेत में चली जाए तो? खैर, सिरकीवाला चाहे अपनी भैंस, गधे, कुत्ते की परवाह न करे, किन्तु उसे बीबी-बच्चों की तो परवाह करनी है—वह प्रथम-द्वितीय श्रेणी का घुमक्कड़ नहीं है कि परिवार रखने को पाप समझे। कई दिन बदली लगी रहने पर उसको चिन्ता भी हो सकती है, क्योंकि उसके पास न बैंक की चेक-बही है, न घर या खेत हैं, न कोई दूसरी जायदाद ही, जिस पर कर्ज मिल सके। ईमानदार है या बेईमान, इसकी बात छोड़िए। ईमानदार होने पर भी ऐसे आदमी को कौन विश्वास करके कर्ज देगा जो आज यहाँ है तो कल दस कोस पर और पाँच महीने बाद उत्तर प्रदेश से निकलकर बंगाल में पहुँच जाता है। सिरकीवाले को तो रोज कुआँ खोदकर रोज पानी पीना है, इसलिए उसकी चिन्ता भी रोज-रोज की है। सिरकी में चावल-आटा रहने पर भी उसे ईंधन की चिन्ता रहती है। बरसात में सूखा ईंधन कहाँ से आए? घर तो नहीं कि सूखा कंडा रखा है। कहीं से सूखी डाली चुरा-छिपाकर तोड़ता है, तो चूल्हे में आग जलती है।

सिरकीवाले के अर्थशास्त्र को समझना किसी दिमागदार के लिए भी मुश्किल है। एक-एक सिरकी में पाँच-पाँच, छह-छह व्यक्तियों का परिवार है—सिरकीवाले ब्याह होते ही बाप से अपनी सिरकी अलग कर लेते हैं, तो भी कैसे छह के परिवार का गुजारा होता है? उनकी आवश्यकताएँ बहुत कम हैं, इसमें सन्देह नहीं; किन्तु पेट के लिए दो हजार कलोरी आहार तो चाहिए जिसमें वह चल-फिर सके, हाथ से काम कर सके। उसकी जीविका के साधनों में किसी के पास एक बन्दर और एक बंदरी है, तो किसी के पास बन्दर और बकरा, और किसी के पास भालू या साँप। कुछ बाँस या बेंत की टोकरी बनाकर बेचने के नाम पर भीख माँगते हैं, तो कुछ ने नट का काम सँभाला है। नट पहले नाटक-अभिनय करने वालों को कहा जाता था, लेकिन हमारे यह नट कोई नाटक करते दिखलाई नहीं पड़ते; हाँ, कसरत या व्यायाम की कलाबाजी जरूर दिखलाते हैं। बरसात में किसी-किसी गाँव में यदि नट एक-दो महीने के लिए ठहर जाते हैं, तो वहाँ अखाड़ा तैयार हो जाता है। गाँव के नौजवान खलीफा से कुश्ती लड़ना सीखते हैं। पहले गाँवों की आबादी कम थी, गाय-भैंसें बहुत पाली जाती थीं, क्योंकि जंगल चारों ओर था, उस समय नौजवान

अखाड़िये का बाप खलीफा को एक भैंस बिदाई दे देता था, लेकिन आज हजार रुपया की भैंस देने को कौन तैयार है?

उनकी स्त्रियाँ गोदना गोदती हैं। पहले गोदने को सौभाग्य का चिह्न समझा जाता था। अब तो जान पड़ता है, वह कुछ दिनों में छूट जाएगा। गोदना गोदने के लिए उन्हें कुछ अनाज मिल जाता था। आज अनाज की जिस तरह की महँगाई है, उससे जान पड़ता है—कितने ही गृहस्थ अनाज की जगह पैसा देना अधिक पसन्द करेंगे।

खयाल कीजिए, सात दिनों से बदली चली आई है। घर की खर्ची खत्म हो चुकी है। सिरकीवाला मना रहा है—हे देव! थोड़ा बरसना बन्द करो कि मैं बन्दर-बंदरिया को बाहर ले जाऊँ और पाँच मुँह के अन्न-दाना का उपाय करूँ। सचमुच बूँदाबाँदी कम हुई नहीं कि मदारी अपने बन्दर-बंदरियों को लेकर डमरू बजाते गलियों या सड़कों में निकल पड़ा। तमाशा बार-बार देखा होने पर भी लोग फिर उसे देखने के लिए तैयार हो जाते हैं। लोगों के लिए मनोरंजन का और कोई साधन नहीं है। तमाशे के बदले में कहीं पैसा, कहीं अन्न, कहीं पुराना कपड़ा हाथ आ जाता है। अँधेरा होते-होते मदारी अपनी सिरकी में पहुँचता है। यदि हो सके तो सिरकी की देखभाल किसी बुढ़िया को देकर स्त्रियाँ भी निकल जाती हैं। शाम को जमीन में खोदे चूल्हे में ईंधन जला दिया जाता है, सिरकी के बाँस से लटकती हंडियाँ उतारकर चढ़ा दी जाती हैं, फिर सबसे बुरे तरह का अन्न डालकर उसे भोजन के रूप में तैयार किया जाने लगता है। उसकी गन्ध नाक में पड़ते ही बच्चों की जीभ से पानी टपकता है।

सिरकीवालों का जीवन कितना नीरस है, लेकिन तब भी वह उसे अपनाए हुए हैं। क्या करें, बाप-दादों के समय से उन्होंने ऐसा ही जीवन देखा है। लेकिन यह न समझिए कि उनके जीवन की सारी घड़ियाँ नीरस हैं। नहीं, कभी उनमें जवानी रहती है, ब्याह यद्यपि वे अपनी जाति के भीतर करते हैं, किन्तु तरुण-तरुणी एक-दूसरे से परिचित होते हैं और बहुत करके ब्याह इच्छानुरूप होता है। वह प्रणय-कलह भी करते हैं और प्रणय-मिलन भी। वह प्रेम के गीत भी गाते हैं और कई परिवारों के इकट्ठा होने पर नृत्य भी रचते हैं। बाजे के लिए क्या चिन्ता? सँपेरे भी तो सिरकीवाले हैं जिनकी महुबर पर साँप नाचते हैं, उस पर क्या आदमी नहीं नाच सकते? दुख और चिन्ता की घड़ियाँ भले ही बहुत लम्बी हों, किन्तु उन्हें भुलाने के भी उनके पास बहुत-से साधन हैं। युगों से सिरकीवाले गीत गाते आए हैं। बरसों

से रौंदी जाती भूमियों के निवासी उनके परिचित हैं। उनके पास कथा और बात के लिए सामग्री की कमी नहीं। किसी तरह अपनी कठिनाइयों को भुलाकर वह जीने का रास्ता निकाल ही लेते हैं। यह हैं हमारे देश की घुमक्कड़ जातियाँ, जिनमें बनजारे भी सम्मिलित हैं। इसे भूलना नहीं चाहिए, यह बनजारे किसी समय वाणिज्य का काम करते थे; अपना माल नहीं व्यापारी का माल वे अपने बैलों या दूसरे जानवरों पर लादकर एक जगह से दूसरी जगह ले जाते थे। इसके लिए तो उनको लदहारा कहना चाहिए, लेकिन कहा जाता था बनजारा।

भारतवर्ष में घुमक्कड़ जातियों के भाग्य में दुख-ही-दुख बदा है। जनसंख्या बढ़ने के कारण बस्ती घनी हो गई; जीवन-संघर्ष बढ़ गया; किसान का भाग्य फूट गया; फिर हमारे सिरकीवालों को क्या आशा हो सकती है। यूरोप में भी सिरकीवालों की अवस्था कुछ ही अच्छी है। जो भेद है, उसका कारण है—वहाँ आबादी का उतनी अधिक संख्या में न बढ़ना, जीवन-तल का ऊँचा होना और घुमक्कड़ जातियों का अधिक कर्मपरायण होना। यह सुनकर आश्चर्य करने की जरूरत नहीं है कि यूरोप के घुमक्कड़ वही सिरकीवाले हैं जिनके भाई-बन्द भारत, ईरान और मध्य एशिया में मौजूद हैं जो किसी कारण अपनी मातृभूमि भारत को न लौटकर दूर-ही-दूर चलते गए। ये अपने को 'रोम' कहते हैं जो वस्तुतः 'डोम' का अपभ्रंश है। भारत से गए उन्हें काफी समय हो गया। यूरोप में पन्द्रहवीं सदी में उनके पहुँच जाने का पता लगता है। आज उन्हें पता नहीं कि कभी भारत से आए थे। 'रोमनी' या 'रोम' से वे इतना ही समझ सकते हैं कि उनका रोम नगर से कोई सम्बन्ध है। इंग्लैंड में उन्हें 'जिपसी' कहते हैं जिससे भ्रम होता है कि इजिप्ट (मिस्त्र) से उनका कोई सम्बन्ध है। वस्तुतः उनका न रोम से सम्बन्ध है, न इजिप्ट से। रूस में उन्हें 'सिगान' कहते हैं। अनुसंधान से पता लगा है कि रोमनी लोग भारत से ग्यारहवीं-बारहवीं सदी में टूटकर सदा के लिए अलग हुए। सात सौ बरस के भीतर वे बिलकुल भूल गए कि उनका भारत से कोई सम्बन्ध है। आज भी उनमें बहुत ऐसे मिलते हैं जो रंग-रूप में बिलकुल भारतीय हैं। हमारे एक मित्र रोमनी बनकर इंग्लैंड भी चले गए और किसी ने उनके नकली पासपोर्ट की छानबीन नहीं की। तो भी यदि भाषाशास्त्रियों ने परिश्रम न किया होता, तो कोई विश्वास न करता कि रोमनी वस्तुतः भारतीय सिरकीवाले हैं। यूरोप में जाकर भी वह वही पअना व्यवसाय—नाच-गाना, बंदर-

भालू नचाना—करते हैं। घोड़फेरी और हाथ देखने की कला में भी उन्होंने ख्याति प्राप्त की है। भाषाशास्त्रियों ने एक नहीं, सैकड़ों हिन्दी के शब्द जैसे-के-तैसे उनकी भाषा में देखकर फैसला कर दिया कि वे भारतीय हैं। पाठकों को प्रत्यक्ष दिखलाने के लिए हम यहाँ उनकी भाषा से कुछ शब्द देते हैं—

अमरो—हमरो
अनेस्—आनेस्
अंदलो—आनल
उचेस—ऊँचे
काइ—काँई (क्यों)
कतिर—कहाँ (केहितीर)
किंदलो, वि—किनल, वि (वेंचा)
काको—काका (चाचा)
काकी—काकी (चाची)
कुच—कुछ (बहुत)
गव्—गाँव
गवरो—गँवारो
गिनेस—गिनेस (अवधी)
चार—चारा (घास)
च्योर—चोर
थुद—दूध
थुव—धुवाँ
तुमरो—तुमरो
थूलो—ठूलो (मोटा)
दुइ—दुइ (दो)

पानी—पानी
पुछे—पूछे
फुरान—पुरान
फूरो—बूढो
फेन—बेन (बहिन)
फेने—भनै
बकरो—बकरा
बन्या—पण्य (शाला), दुकान
बोखालेस्—भुखालेस् (अवधी)
ब्याह—ब्याह
मनुस—मानुस
मस—मांस
माछो—माछो
याग—आग
याख—आँख
रोवे—रोवै (भोजपुरी)
रुपये—रुपैया (जोल्तोइ)
रीच—रीछ
ससुई—सास, ससुई (भोजपुरी)

ये हमारे भारतीय घुमक्कड़ हैं जो पिछली सात शताब्दियों से भारत से बाहर चक्कर लगा रहे हैं। वहाँ सरकंडे की सिरकी सुलभ नहीं थी, इसलिए उन्होंने कपड़े का चलता-फिरता घर स्वीकार किया। वहाँ घोड़ा अधिक उपयोगी और सुलभ

था, वह बर्फ की मार सह सकता था और अपने मालिक को जल्दी एक जगह से दूसरी जगह पहुँचा सकता था, साथ ही यूरोप में घोड़ों की माँग अधिक थी, इसलिए घोड़फेरी में सुभीता था और हमारे रोमों ने अपना सामान ढोने के लिए घोडागाड़ी को पसन्द किया। चाहे दिसम्बर, जनवरी, फरवरी की घोर वर्षा हो और चाहे वर्षा की कीचड़, रोमनी बराबर एक जगह से दूसरी जगह घूमते रहते हैं। नृत्य और संगीत में उन्होंने पहले सस्तेपन और सुलभता के कारण प्रसिद्धि पाई और पीछे कलाकार के तौर पर भी उनका नाम हुआ। वह यूरोपीयों की अपेक्षा काले होते हैं, हमारी अपेक्षा तो वह अधिक गोरे हैं, साथ ही उन्हें अधिक सुन्दरियों को पैदा करने का श्रेय भी दिया जाता है। अपने गीत और नृत्य के लिए रोमनियाँ जैसी प्रसिद्ध हैं, वैसी ही भाग्य भाखने में भी वह प्रथम मानी जाती हैं। उनका भाग्य भाखना भीख माँगने का अंग है, यह देखते हुए भी लोग अपना हाथ उनके सामने कर ही देते हैं। हमारे देश में स्वतंत्रता-प्राप्ति के बाद लड़का चुराने वालों का बहुत जोर देखा जाता है, लेकिन यूरोप में रोमनी बहुत पहले से बच्चा चुराने के लिए बदनाम थे। यद्यपि यूरोपीय रोमनियों का भारतीय सिरकीवालों की तरह बुरा हाल नहीं है, किन्तु तब भी वह अपने भाग्य को अपने घर के साथ कन्धे पर लिये चलते हैं। वहाँ भी रोज कमाना और रोज खाना उनका जीवन-नियम है। हाँ, घोड़े के क्रय-विक्रय तथा छोटी-मोटी चीज और खरीदते-बेचते हैं, इसलिए जीविका के कुछ और भी सहारे उनके पास हैं, लेकिन उनका जीवन नीरस होने पर भी एकदम नीरस नहीं कहा जा सकता। जिस तरह ये घुमक्कड़ राज्यों की सीमाओं को तोड़कर एक जगह से दूसरी जगह स्वच्छन्द विचरते हैं और जिस तरह उनके लिए न ऊधो का लेना न माधो का देना है, उसे देखकर कितनी ही बार दिल मचल जाता है। रूस के कालिदास पुश्किन तो एक बार अपने जीवन को उनके जीवन से बदलने के लिए तैयार हो गए थे। रोमनी की काली-काली बड़ी-बड़ी आँखें, उनके कोकिलकंठ, उनके मयूरपिच्छाकार केशपाश ने यूरोप के न जाने कितने सामन्त-कुमारों को बाँध लिया। कितनों ने अपना विलास-महल छोड़ उनके तंबुओं का रास्ता स्वीकार किया। अवश्य रोमनी जीवन बिलकुल नीरस नहीं है। रोमनियों के साथ-साथ घूमना घुमक्कड़ों के लिए कम लालसा की चीज नहीं होगी। डर है, यूरोप में घुमन्तू जीवन को छोड़कर जिस तरह एक जगह से दूसरी जगह जाने की प्रवृत्ति बन्द हो रही है, उससे कहीं यह घुमन्तू

जाति सर्वथा अपने अस्तित्व को खो न बैठे। एकाध भारतीयों ने रोमनी जीवन का आनन्द लिया है, लेकिन यह कहना ठीक नहीं होगा कि उन्होंने उनके जीवन को अधिक गहराई में उतरकर देखना चाहा। वस्तुतः पहले ही से कड़वे-मीठे के लिए तैयार तरुण ही उनके डेरों का आनन्द ले सकते हैं। इतना तो स्पष्ट है कि यूरोप में जहाँ-कहीं भी अभी रोमनी घुमन्तू बच रहे हैं, वह हमारे यहाँ के सिरकीवालों से अच्छी अवस्था में हैं। समाज में उनका स्थान नीचा होने पर भी वह उतना नीचा नहीं है जितना हमारे यहाँ के सिरकीवालों का।

यहाँ अपने पड़ोसी तिब्बत के घुमन्तुओं के बारे में भी कुछ कह देना अनावश्यक न होगा। पहले-पहल जब मैं 1926 में तिब्बत की भूमि में गया और मैंने वहाँ के घुमन्तुओं को देखा, तो उससे इतना आकृष्ट हुआ कि एक बार मन ने कहा—छोड़ो सब कुछ और हो जाओ इनके साथ। बहुत वर्षों तक मैं यही समझता रहा कि अभी भी अवसर हाथ से नहीं गया है। वह क्या चीज थी जिसने मुझे उनकी तरफ आकृष्ट किया। यह घुमन्तू दिल्ली और मानसरोवर के बीच हर साल ही घूमा करते हैं, उनके लिए यह बच्चों का खेल है। कोई-कोई तो शिमला से चीन तक की दौड़ लगाते हैं और सारी यात्रा उनकी अपने मन से पैदल हुआ करती है। साथ में परिवार होता है, लेकिन परिवार की संख्या नियंत्रित है, क्योंकि सभी भाइयों की एक ही पत्नी होती है। रहने के लिए कपड़े की पतली छोलदारी रहती है। अधिक वर्षा वाले देश और काल से गुजरना नहीं पड़ता, इसलिए कपड़े की एकहरी छोलदारी पर्याप्त होती है। साथ में इधर से उधर बेचने की कुछ चीजें होती हैं। इनके ढोने के लिए सीधे-सादे दो-तीन गधे होते हैं जिन्हें खिलाने-पिलाने के लिए घास-दाने की फिक्र नहीं रहती। हाँ, भेड़ियों और बघेरों से रक्षा करने के लिए सावधानी रखनी पड़ती है, क्योंकि इन श्वापदों के लिए गधे रसगुल्ले से कम मीठे नहीं होते। कितना हल्का सामान, कितना निश्चिन्त जीवन और कितनी दूर तक की दौड़! 1926 में मैं इस जीवन पर मुग्ध हुआ, अभी तक उसकी प्राप्ति में सफल न होने पर भी आज भी वह आकर्षण कम नहीं हुआ। एक घुमक्कड़ी-इच्छुक तरुण को एक मरतबे मैंने प्रोत्साहित किया था। वह विलायत जा बैरिस्टर हो आए थे और मेरे आकर्षक वर्णन को सुनकर उस वक्त ऐसे तैयार जान पड़े, गोया तिब्बत का ही रास्ता लेने वाले हैं। ये तिब्बती घुमक्कड़ी अपने को खम्पा या ग्यम-खम्पा कहते हैं। इन्हें

आर्थिक तौर से हम भारतीय सिरकीवालों से नहीं मिला सकते। पिछले साल एक खम्पा तरुण से घुमन्तू जीवन के बारे में बात हो रही थी। मैं भीतर से हसरत करते हुए भी बाहर से इस तरह के जीवन के कष्ट के बारे में कह रहा था। खम्पा तरुण ने कहा—"हाँ, जीवन तो अवश्य सुखकर नहीं है। किन्तु जो लोग घर बाँधकर गाँव में बस गए हैं, उनका जीवन भी अधिक आकर्षक नहीं मालूम होता। आकर्षक क्या, अपने को तो कष्टकर मालूम होता है। शिमला पहाड़ में कौन किसान है जो चाय, चीनी, मक्खन और सुस्वादु अन्न खाता हो? मानसरोवर में कौन मेषपाल है जो सिगरेट पीता हो, लेमनजूस खाता हो? हम कभी ऐसे स्थानों में रहते हैं जहाँ मांस और मक्खन रोज खा सकते हैं, फिर शिमला या दिल्ली के इलाके में पहुँचकर भी वहाँ किसानों से अच्छा खाते हैं।

बात स्पष्ट थी। वह खम्पा तरुण अपने जीवन को किसी सुखपूर्ण अचल जीवन से बदलने के लिए तैयार नहीं था। यह उसके पैरों में था कि जब चाहे तब शिमला से चीन पहुँच जाए। रास्ते में कितने विचित्र-विचित्र पहाड़, पहले जंगलों से आच्छादित तुंग शैल, फिर उत्तुंग हिम-शिखर, तब चौड़े ऊँचे मैदान वाली वृक्ष-वनस्पति-शून्य तिब्बत की भूमि में कई सौ मील फैला ब्रह्मपुत्र का कछार! इस तरह भूमि नापते चीन में पहुँचना! घुमक्कड़ी में दूसरे सुभीते हो सकते हैं, दिल मिल जाने पर उनके साथ दृढ़ बन्धुता स्थापित हो सकती है। किन्तु ये तिब्बत के ही घुमक्कड़ हैं जो पूरी तौर से दूसरे घुमक्कड़ को अपने परिवार का व्यक्ति बना, सगा भाई स्वीकार कर सकते हैं—सगा भाई वही तो है जिसके साथ सम्मिलित विवाह हो सके।

हमने नमूने के तौर पर सिर्फ तीन देशों की घुमक्कड़ जातियों का जीवन वर्णित किया। दुनिया के और देशों में भी ऐसी कितनी ही जातियाँ हैं। इन घुमक्कड़ों के घूमते परिवार के साथ साल-दो साल बिता देना घाटे का सौदा नहीं है। उनको जीवन को दूर से देखकर पुश्किन ने कविता लिखी थी। फिर उनमें रहने वाला और भी अच्छी कविता लिख सकता है यदि उसको रस आ जाए। भिन्न-भिन्न देशों के घुमन्तुओं पर कितने लेखकों ने कलम चलाई है, लेकिन अब भी नये लेखक के लिए वहाँ बहुत सामग्री है। चित्रकार उनमें जा अपनी तूलिका को धन्य कर सकता है। जो घुमक्कड़ उनके भीतर रमना चाहते हैं, कुछ समय के लिए अपनी जीवन-धारा को उनसे मिलाना चाहते हैं, उन्हें ऐसा करने पर अफसोस नहीं होगा।

घुमक्कड़ जाति के सहयात्री को जानना चाहिए कि उनमें सभी पिछड़े हुए नहीं हैं। कितनों की समझ और संस्कृति का तल ऊँचा है, चाहे शिक्षा का उन्हें अवसर न मिला हो। घुमक्कड़ उनमें जाकर अपनी लेखनी या तूलिका को सार्थक कर सकता है, उनकी भाषा का अनुसंधान कर सकता है।

भारत के सिरकीवालों पर वस्तुतः इस दिशा में कोई काम नहीं हुआ है। जो भाषा, साहित्य और वंश की दृष्टि से उनका अध्ययन करना चाहते हैं, उनके लिए आवश्यक होगा कि इन विषयों का पहले से थोड़ा परिचय कर लें। अंग्रेजों ने एक तरह से इस कार्य को अछूता छोड़ा है। यह मैदान भारतीय तरुण घुमक्कड़ों के लिए खाली पड़ा हुआ है। उन्हें अपने साहस, ज्ञान-प्रेम और स्वच्छन्द जीवन को इधर लगाना चाहिए।

स्त्री-घुमक्कड़

घुमक्कड़-धर्म सार्वदेशिक विश्वव्यापी धर्म है। इस पंथ में किसी के आने की मनाही नहीं है, इसलिए यदि देश की तरुणियाँ भी घुमक्कड़ बनने की इच्छा रखें, तो यह खुशी की बात है। स्त्री होने से वह साहसहीन है, उसमें अज्ञात दिशाओं और देशों में विचरने के संकल्प का अभाव है—ऐसी बात नहीं है—जहाँ स्त्रियों को अधिक दासता की बेड़ी में जकड़ा नहीं गया, वहाँ की स्त्रियाँ साहस-यात्राओं से बाज नहीं आतीं। अमेरिकन और यूरोपीय स्त्रियों का पुरुषों की तरह स्वतंत्र हो देश-विदेश में घूमना अनहोनी-सी बात नहीं है। यूरोप की जातियाँ शिक्षा और संस्कृति में बहुत आगे हैं, यह कहकर बात को टाला नहीं जा सकता। अगर वे लोग आगे बढ़े हैं, तो हमें भी उनसे पीछे नहीं रहना है। लेकिन एशिया में भी साहसी यात्रिणियों का अभाव नहीं है। 1934 की बात है, मैं अपनी दूसरी तिब्बत-यात्रा में ल्हासा से दक्षिण की ओर लौट रहा था। ब्रह्मपुत्र पार करके पहले डांडे को लाँघकर एक गाँव में पहुँचा। थोड़ी देर बाद दो तरुणियाँ वहाँ पहुँचीं। तिब्बत के डांडे बहुत खतरनाक होते हैं। डाकू वहाँ मुसाफिरों की ताक में बैठे रहते हैं। तरुणियाँ बिना किसी भय के डांडा पार करके आईं। उनके बारे में शायद कुछ मालूम नहीं होता, किन्तु जब गाँव के एक घर में जाने लगी, तो कुत्ते ने एक पैर में काट खाया। वह दवा लेने हमारे पास आईं, उसी वक्त उनकी कथा मालूम हुई। वह किसी पास के इलाके से नहीं, बल्कि बहुत दूर चीन के कन्सू प्रदेश में ह्वाङ्-हो नदी के पास अपने जन्म-स्थान से आई थीं। दोनों की आयु पच्चीस साल से अधिक नहीं रही होगी। यदि साफ कपड़े

पहना दिये जाते, तो कोई भी उन्हें चीन की रानी कहने के लिए तैयार हो जाता। इस आयु और बहुत-कुछ रूपवती होने पर भी वह ह्वाङ्-हो के तट से चलकर भारत की सीमा से सात-आठ दिन के रास्ते पर पहुँची थीं। अभी यात्रा समाप्त नहीं हुई थी। भारत को वह बहुत दूर का देश समझती थीं, नहीं तो उसे भी अपनी यात्रा में शामिल करने को उत्सुक होतीं। पश्चिम में उन्हें मानसरोवर तक और नेपाल में दर्शन करने तो अवश्य जाना था। वह शिक्षिता नहीं थीं, न अपनी यात्रा को उन्होंने असाधारण समझा था। यह अम्दी तरुणियाँ कितनी साहसी थीं? उनको देखने के बाद मुझे खयाल आया कि हमारी तरुणियाँ भी घुमक्कड़ी अच्छी तरह कर सकती हैं।

जहाँ तक घुमक्कड़ी करने का सवाल है, स्त्री का उतना ही अधिकार है जितना पुरुष का। स्त्री क्यों अपने को इतना हीन समझे? पीढ़ी के बाद पीढ़ी आती है और स्त्री भी पुरुष की तरह ही बदलती रहती है। किसी वक्त स्वतंत्र नारियाँ भारत में रहा करती थीं। उन्हें मनुस्मृति के कहने के अनुसार स्वतंत्रता नहीं मिली थी, यद्यपि कोई-कोई भाई इसके पक्ष में मनुस्मृति के श्लोक को उद्धृत करते हैं—

यत्र नार्यस्तु पूज्यन्ते रमन्ते तत्र देवताः।

उनकी लेकिन, यह वंचनामात्र है। जिन लोगों ने गला फाड़-फाड़कर कहा—"न स्त्री स्वातंत्र्यमर्हति'—उनकी नारी-पूजा भी कुछ दूसरा अर्थ रखती होगी। नारी-पूजा की बात करने वाले एक पुरुष के सामने एक समय मैंने निम्न श्लोक उद्धृत किया—

दर्शन द्विगुणं स्वादु परिवेषे चतुर्गुणम्।
सहभोजे चाष्टगुणमित्येतन्मनुरब्रवीत्॥

(स्त्री का दर्शन करते हुए यदि भोजन करना हो तो वह स्वाद में दुगुना हो जाता है, यदि वह श्रीहस्त से परोसे तो चौगुना और यदि साथ बैठकर भोजन करने की कृपा करे तो आठ गुना)—ऐसा मनु ने कहा है। इस पर जो मनोभाव उनका देखा, उससे पता लग गया कि वह नारी-पूजा पर कितना विश्वास रखते हैं। वह पूछ बैठे, यह श्लोक मनुस्मृति के कौन से स्थान का है। वह आसानी से समझ सकते थे कि वह उसी स्थान का हो सकता है जहाँ नारी-पूजा की बात कही गई है और यह भी आसानी से बतलाया जा सकता था कि न जाने कितने

मनु के श्लोक महाभारत आदि में बिखरे हुए हैं, किन्तु वर्तमान मनुस्मृति में नहीं मिलते। अस्तु! हम तो मनु की दुहाई देकर स्त्रियों को अपना स्थान लेने की कभी राय नहीं देंगे।

हाँ, यह मानना पड़ेगा कि सहस्राब्दियों की परतंत्रता के कारण स्त्री की स्थिति बहुत ही दयनीय हो गई है। वह अपने पैरों पर खड़ी होने का ढंग नहीं जानती। स्त्री सचमुच लता बनाके रखी गई है। वह अब भी लता बनकर रहना चाहती है, यद्यपि पुरुष की कमाई पर जीकर उनमें कोई-कोई 'स्वतंत्रता', 'स्वतंत्रता' चिल्लाती हैं। लेकिन समय बदल रहा है। अब हाथ-भर का घूँघट काढ़ने वाली माताओं की लड़कियाँ मारवाड़ी-जैसे अनुदार समाज में भी पुरुष के समकक्ष होने के लिए मैदान में उतर रही हैं। वह वृद्ध और प्रौढ़ पुरुष धन्यवाद के पात्र हैं जिन्होंने निराशापूर्ण घड़ियों में स्त्रियों की मुक्ति के लिए संघर्ष किया और जिनके प्रयत्न का अब फल भी दिखाई पड़ने लगा है। लेकिन साहसी तरुणियों को समझना चाहिए कि एक के बाद एक हजारों कड़ियों से उन्हें बाँधके रखा गया है। पुरुष ने उसके रोम-रोम पर काँटी गाड़ रखी है। स्त्री की अवस्था देखकर बचपन की एक कहानी याद आती है—न सड़ी, न गली एक लाश किसी निर्जन नगरी के प्रासाद में पड़ी थी। लाश के रोम-रोम में सूइयाँ गड़ी हुई थीं। उन सूइयों को जैसे-जैसे हटाया गया, वैसे-ही-वैसे लाश में चेतना आने लगी। जिस वक्त आँख पर गड़ी सूइयों को निकाल दिया गया, उस वक्त लाश बिलकुल सजीव हो उठ बैठी और बोली—"बहुत सोये।" नारी भी आज के समाज में उसी तरह रोम-रोम में परतंत्रता की उन सूइयों से बिंधी है, जिन्हें पुरुषों के हाथों ने गाड़ा है। किसी को आशा नहीं रखनी चाहिए कि पुरुष उन सूइयों को निकाल देगा।

उत्साह और साहस की बात करने पर भी यह भूलने की बात नहीं है कि तरुणी के मार्ग में तरुण से अधिक बाधाएँ हैं। लेकिन साथ ही आज तक कहीं नहीं देखा गया कि बाधाओं के मारे किसी साहसी ने अपना रास्ता निकालना छोड़ दिया। दूसरे देशों की नारियाँ जिस तरह साहस दिखाने लगी हैं, उन्हें देखते हुए भारतीय तरुणी क्यों पीछे रहे?

हाँ, पुरुष ही नहीं प्रकृति भी नारी के लिए अधिक कठोर है। कुछ कठिनाइयाँ ऐसी हैं जिन्हें पुरुषों की अपेक्षा नारी को उसने अधिक दिया है। संतति-प्रसव का

भार स्त्री के ऊपर होना उनमें से एक है। वैसे नारी का ब्याह, अगर उसके ऊपरी आवरण को हटा दिया जाए, तो इसके सिवाय कुछ नहीं है कि नारी ने अपनी रोटी-कपड़े और वस्त्राभूषण के लिए अपना शरीर सारे जीवन के निमित्त किसी पुरुष को बेच दिया है। यह कोई बहुत उच्च आदर्श नहीं है, लेकिन यह मानना पड़ेगा कि यदि विवाह का यह बन्धन भी न होता, तो अभी संतान के भरण-पोषण में जो आर्थिक और कुछ शारीरिक तौर से भी पुरुष भाग लेता है, वह भी न लेकर वह स्वच्छन्द विचरता और बच्चों की सारी जिम्मेदारी स्त्री के ऊपर पड़ती। उस समय या तो नारी को मातृत्व से इनकार करना पड़ता, या सारी आफत अपने ऊपर मोल लेनी पड़ती। यह प्रकृति का नारी के ऊपर अन्याय है, लेकिन प्रकृति ने कभी मानव पर खुलकर दया नहीं दिखाई, मानव ने उसकी बाधाओं के रहते उस पर विजय प्राप्त की।

नारी के प्रति जिन पुरुषों ने अधिक उदारता दिखाई, उनमें मैं बुद्ध को भी मानता हूँ। इसमें शक नहीं कि कितनी ही बातों में वह समय से आगे थे, लेकिन तब भी जब स्त्री को भिक्षुणी बनाने की बात आई, तो उन्होंने बहुत आनाकानी की, एक तरह गला दबाने पर स्त्रियों को संघ में आने का अधिकार दिया। अपने अन्तिम समय, निर्वाण के दिन, यह पूछने पर कि स्त्री के साथ भिक्षु को कैसा बर्ताव करना चाहिए, बुद्ध ने कहा—'अदर्शन' (नहीं देखना)। और देखना ही पड़े, तो उस वक्त दिल और दिमाग को वश में रखना। लेकिन, मैं समझता हूँ, यह एकतरफा बात है और बुद्ध के भावों के विपरीत है, क्योंकि उन्होंने अपने एक उपदेश में और निर्वाण-दिन से बहुत पहले कहा था—

"भिक्षुओ! मैं ऐसा एक भी रूप नहीं देखता जो पुरुष के मन को इस तरह हर लेता है जैसा कि स्त्री का रूप...स्त्री का शब्द...स्त्री की गंध...स्त्री का रस... स्त्री का स्पर्श...।" इसके बाद उन्होंने यह भी कहा—"भिक्षुओ! मैं ऐसा एक भी रूप नहीं देखता जो स्त्री के मन को इस तरह हर लेता है, जैसा कि पुरुष का रूप...पुरुष का शब्द...पुरुष की गंध...पुरुष का रस...पुरुष का स्पर्श...।"[1] बुद्ध

1. "...नाहं भिक्खवे, अञ्ञ एकरूपं पि समनुपस्सामि, यं एवं पुरिसस्स चित्तं परियोदाय तिट्ठति यथयिदं 'भिक्खवे, इत्थिरूपम्..., ...इत्थिसद्दो..., इत्थिगंधो..., इत्थिरसो..., इत्थिफोट्ठब्बो...। नाहं भिक्खे अञ्ञ एकरूपं पि समनुपस्सामि यं एवं इत्थियाचिन्तम् परियोदाय तिट्ठति यथयिदम् भिक्खवे, पुरिसरूपं..., ...पुरिस-सद्दो..., ...पुरिस-गंधो..., ...पुरिसरसो..., ...पुरिसफोट्ठब्बो...। —अंगुत्तर-निकाय 1/1/1

ने जो बात यहाँ कही है, वह बिलकुल स्वाभाविक तथा अनुभव पर आश्रित है। स्त्री और पुरुष, दोनों एक-दूसरे की पूरक इकाइयाँ हैं। 'अदर्शन' उन्होंने इसीलिए कहा था कि दर्शन से दोनों को उनके रूप, शब्द, गंध, रस, स्पर्श एक-दूसरे के लिए सबसे अधिक मोहक होते हैं। सारी प्रकृति में इसके उदाहरण भरे पड़े हैं। स्त्री के साथ पुरुष की अधिक घनिष्ठता या पुरुष के साथ स्त्री की अधिक घनिष्ठता यदि एक सीमा के पार होती है, तो परिणाम केवल प्लातोनिक प्रेम तक ही सीमित नहीं रहता। इसी खतरे की ओर अपने वचन में बुद्ध ने संकेत किया है। इसका यही अर्थ है कि जो एक ऊँचे आदर्श और स्वतंत्र जीवन को लेकर चलने वाले हैं, ऐसे नर-नारी अधिक सावधानी से काम लें। पुरुष प्लातोनिक प्रेम कहकर छुट्टी ले सकता है, क्योंकि प्रकृति ने उसे बड़ी जिम्मेदारी से मुक्त कर दिया है, किन्तु स्त्री कैसे वैसा कर सकती है?

स्त्री के घुमक्कड़ होने में बड़ी बाधा मनुष्य के लगाए हजारों फंदे नहीं हैं, बल्कि प्रकृति की निष्ठुरता ने उसे और मजबूर बना दिया है। लेकिन, जैसा मैंने कहा, प्रकृति की मजबूरी का अर्थ यह हरगिज नहीं है कि मानव प्रकृति के सामने आत्म-समर्पण कर दे। जिन तरुणियों को घुमक्कड़ी-जीवन बिताना है, उन्हें मैं अदर्शन की सलाह नहीं दे सकता और न यही आशा रख सकता हूँ कि जहाँ विश्वामित्र, पराशर आदि असफल रहे, वहाँ निर्बल स्त्री विजय-ध्वजा गाड़ने में अवश्य सफल होगी, यद्यपि उससे जरूर यह आशा रखनी चाहिए कि ध्वजा को ऊँची रखने की वह पूरी कोशिश करेगी। घुमक्कड़ तरुणी को समझ लेना चाहिए, कि पुरुष यदि संसार में नये प्राणी के लाने का कारण होता है, तो इससे उसके हाथ-पैर कटकर गिर नहीं जाते। यदि वह अधिक उदार और दयार्द्र हुआ, तो कुछ प्रबन्ध करके वह फिर अपनी उन्मुक्त यात्रा को जारी रख सकता है, लेकिन स्त्री यदि एक बार चूकी, तो वह पंगु बनकर रहेगी। इस प्रकार, घुमक्कड़-व्रत स्वीकार करते समय स्त्री को खूब आगे-पीछे सोच लेना होगा और दृढ़ साहस के साथ ही इस पथ पर पग रखना होगा। जब एक बार पग रख दिया, तो पीछे हटाने का नाम नहीं लेना होगा।

घुमक्कड़ों और घुमक्कड़ाओं, दोनों के लिए अपेक्षित गुण बहुत-से एक-से हैं जिन्हें कि इस शास्त्र के भिन्न-भिन्न स्थानों में बतलाया गया है, जैसे स्त्री के लिए

भी कम-से-कम 18 वर्ष की आयु तक शिक्षा और तैयारी का समय है और उसके लिए भी 20 के बाद यात्रा के लिए प्रयाण करना अधिक अच्छा होगा। विद्या और दूसरी तैयारियाँ दोनों की एक-सी हो सकती हैं, किन्तु स्त्री चिकित्सा में यदि विशेष योग्यता प्राप्त कर लेती है, अर्थात् डाक्टर बन के साहस-यात्रा के लिए निकलती है, तो वह सबसे अधिक सफल और निर्द्वंद्व रहेगी। वह यात्रा करते हुए लोगों का बहुत उपकार कर सकती है। जैसा कि दूसरी जगह संकेत किया गया, यदि तरुणियाँ तीन की संख्या में इकट्ठा होकर पहली यात्रा आरम्भ करें, तो उन्हें बहुत तरह का सुभीता रहेगा। तीन की संख्या का आग्रह क्यों? इस प्रश्न का जवाब यही है कि दो की संख्या अपर्याप्त है और आपस में मतभेद होने पर किसी तटस्थ हितैषी की आवश्यकता पूरी नहीं हो सकती। तीन की संख्या में मध्यस्थ सुलभ हो जाता है। तीन से अधिक संख्या भीड़ या जमात की है और घुमक्कड़ी तथा जमात बाँधकर चलना एक-दूसरे के बाधक हैं। यह तीन की संख्या भी आरम्भिक यात्राओं के लिए है, अनुभव बढ़ने के बाद उसकी कोई आवश्यकता नहीं रह जाती। 'एको चरे खग्ग-विसाण-कप्पो' (गैंडे के सींग की तरह अकेले विचरे)—घुमक्कड़ के सामने तो यही मोटो होना चाहिए।

स्त्रियों को घुमक्कड़ी के लिए प्रोत्साहित करने पर कितने ही भाई मुझसे नाराज होंगे और इस पथ की पथिका तरुणियों से तो और भी। लेकिन जो तरुणी मनस्विनी और कार्यार्थिनी है, वह इसकी परवाह नहीं करेगी, यह मुझे विश्वास है। उसे इन पीले पत्तों की बकवाद पर ध्यान नहीं देना चाहिए। जिन नारियों ने आँगन की कैद छोड़कर घर से बाहर पैर रखा है, अब उन्हें बाहर विश्व में निकलना है। स्त्रियों ने पहले-पहल जब घूँघट छोड़ा, तो क्या कम हल्ला मचा था और उन पर क्या कम लांछन लगाये गए थे? लेकिन हमारी आधुनिक पंचकन्याओं ने दिखला दिया कि साहस करने वाला सफल होता है और सफल होने वाले के सामने सभी सिर झुकाते हैं। मैं तो चाहता हूँ, तरुणों की भाँति तरुणियाँ भी हजारों की संख्या में विशाल पृथ्वी पर निकल पड़ें और दर्जनों की तादाद में प्रथम श्रेणी की घुमक्कड़ बनें। बड़ा निश्चय करने के पहले वह इस बात को समझ लें कि स्त्री का काम केवल बच्चा पैदा करना नहीं है। फिर उनके रास्ते की बहुत कठिनाइयाँ दूर हो सकती हैं। यह पंक्तियाँ कितने ही धर्म-धुरंधरों के दिल में काँटे की तरह चुभेंगी।

वह कहने लगेंगे, यह वज्र नास्तिक हमारी ललनाओं को सती-सावित्री के पथ से दूर ले जाना चाहता है। मैं कहूँगा, वह काम इस नास्तिक ने नहीं किया, बल्कि सती-सावित्री के पथ से दूर ले जाने का काम सौ वर्ष से पहले ही हो गया जबकि लार्ड विलियम बेंटिक के जमाने में सती-प्रथा को उठा दिया गया। उस समय तक स्त्रियों के लिए सबसे ऊँचा आदर्श यही था कि पति के मरने पर वह उसके शव के साथ जिन्दा जल जाएँ। आज तो सती-सावित्री के नाम पर कोई धर्म-धुरंधर—चाहे वह श्री 108 करपात्री जी महाराज हों, या जगद्गुरु शंकराचार्य—सती-प्रथा को फिर से जारी करने के लिए सत्याग्रह नहीं कर सकता और न ऐसी माँग के लिए कोई भगवा झंडा ही उठा सकता है। यदि सती-प्रथा—अर्थात् जीवित स्त्रियों का मृतक पति के साथ जलना—अच्छी है, इसे मनवाने के लिए खुल्लम-खुल्ला प्रयत्न किया जाए, तो मैं समझता हूँ, आज की स्त्रियाँ सौ साल पहले की अपनी नगड़दादियों का अनुसरण करके उसे चुपचाप स्वीकार नहीं करेंगी, बल्कि वह सारे देश में खलबली मचा देंगी। फिर यदि जिन्दा स्त्रियों को जलती चिता पर बैठाने का प्रयत्न हुआ, तो पुरुष समाज को लेने-के-देने पड़ जाएँगे। जिस तरह सती-प्रथा बार्बरिक तथा अन्यायमूलक होने के कारण सदा के लिए ताक पर रख दी गई, उसी तरह स्त्री के उन्मुक्त मार्ग की जितनी बाधाएँ हैं, उन्हें एक-एक करके हटा फेंकना होगा।

स्त्रियों को भी माता-पिता की सम्पत्ति में दायभाग मिलना चाहिए जब यह कानून पेश हुआ, तो सारे भारत के कट्टरपंथी उसके खिलाफ उठ खड़े हुए। आश्चर्य तो यह है कि कितने ही उदार, समझदार कहे जाने वाले व्यक्ति भी हल्ला-गुल्ला करने वालों के सहायक बन गए। अन्त में मसौदे को खटाई में रख दिया गया। यह बात इसका प्रमाण है कि तथाकथित उदार पुरुष भी स्त्री के सम्बन्ध में कितने अनुदार हैं।

भारतीय स्त्रियाँ अपना रास्ता निकाल रही हैं। आज वह सैकड़ों की संख्या में इंग्लैंड, अमेरिका तथा दूसरे देशों में पढ़ने के लिए गई हुई हैं और वह इस झूठे श्लोक को नहीं मानतीं—

पिता रक्षति कौमारे भर्त्ता रक्षति यौवने।
पुत्रस्तु स्थाविरे भावे न स्त्री स्वातंत्र्यमर्हति।

आज इंग्लैंड, अमेरिका में पढ़ने गईं कुमारियों की रक्षा करने के लिए कौन संरक्षक भेजे गए हैं? आज स्त्री भी अपने आप अपनी रक्षा कर रही है, जैसे पुरुष अपने आप अपनी रक्षा करता चला आया है। दूसरे देशों में स्त्री के रास्ते की सारी रुकावटें धीरे-धीरे दूर होती गई हैं। उन देशों ने बहुत पहले काम शुरू किया, हमने बहुत पीछे शुरू किया है, लेकिन संसार का प्रवाह हमारे साथ है। पूछा जा सकता है, इतिहास में तो कहीं स्त्री की साहस-यात्राओं का पता नहीं मिलता। यह अच्छा तर्क है, स्त्री को पहले हाथ-पैर बाँधकर पटक दो और फिर उसके बाद कहो कि इतिहास में तो साहसी यात्रिणियों का कहीं नाम नहीं आता। यदि इतिहास में अभी तक साहसी यात्रिणियों का उल्लेख नहीं आता, यदि पिछला इतिहास उनके पक्ष में नहीं है, तो आज की तरुणी अपना नया इतिहास बनाएगी, अपने लिए नया रास्ता निकालेगी।

तरुणियों को अपना मार्ग मुक्त करने में सफल होने के सम्बन्ध में अपनी शुभ कामना प्रकट करते हुए मैं पुरुषों से कहूँगा—तुम टिटहरी की तरह पैर खड़ा कर आसमान को रोकने की कोशिश न करो। तुम्हारे सामने पिछले पच्चीस सालों में जो महान् परिवर्तन स्त्री-समाज में हुए हैं, वह पिछली शताब्दी के अन्त के वर्षों में वाणी पर भी लाने लायक नहीं थे। नारी की तीन पीढ़ियाँ क्रमश: बढ़ते-बढ़ते आधुनिक वातावरण में पहुँची हैं। यहाँ उसका क्रम-विकास कैसा देखने में आता है? पहली सीढ़ी ने परदा हटाया और पूजा-पाठ की पोथियों तक पहुँचने का साहस किया; दूसरी पीढ़ी ने थोड़ी-थोड़ी आधुनिक शिक्षा-दीक्षा आरम्भ की, किन्तु अभी उसे कॉलेज में पढ़ते हुए भी अपने सहपाठी पुरुष से समकक्षता करने का साहस नहीं हुआ था। आज तरुणियों की तीसरी पीढ़ी बिलकुल तरुणों के समकक्ष बनने को तैयार है—साधारण काम नहीं, शासन-प्रबन्ध की बड़ी-बड़ी नौकरियों में भी अब वह जाने के लिए तैयार है। तुम इस प्रवाह को रोक नहीं सकते। अधिक-से-अधिक अपनी पुत्रियों को आधुनिक ज्ञान-विज्ञान से वंचित रख सकते हो, लेकिन पौत्री को कैसे रोकोगे, जो कि तुम्हारे संसार से कूच करने के बाद आने वाली है। हरेक आदमी पुत्र और पुत्री को ही कुछ वर्षों तक नियंत्रण में रख सकता है; तीसरी पीढ़ी पर नियंत्रण करने वाला व्यक्ति अभी तक तो कहीं दिखाई नहीं पड़ा और चौथी पीढ़ी की बात ही क्या करनी जबकि लोग परदादा का नाम भी नहीं जानते,

फिर उनके बनाएँ विधान कहाँ तक नियंत्रण रख सकेंगे? दुनिया बदलती आई है, बदल रही है और हमारी आँखों के सामने भीषण परिवर्तन दिन-पर-दिन हो रहे हैं। चट्टान से सिर टकराना बुद्धिमान का काम नहीं है। लड़कों के घुमक्कड़ बनने में तुम बाधक होते रहे, लेकिन अब लड़के तुम्हारे हाथ में नहीं रहे। लड़कियाँ भी वैसा ही करने जा रही हैं। उन्हें घुमक्कड़ बनने दो, उन्हें दुर्गम और बीहड़ रास्तों से भिन्न-भिन्न देशों में जाने दो। लाठी लेकर रक्षा करने और पहरा देने से उनकी रक्षा नहीं हो सकती। वह तभी रक्षित होंगी जब वह खुद अपनी रक्षा कर सकेंगी। तुम्हारी नीति और आचार-नियम सभी दोहरे रहे हैं—हाथी के दाँत खाने के और और दिखाने के और। अब समझदार इस तरह के डबल आचार-विचार का पालन नहीं कर सकता, यह तुम आँखों के सामने देख रहे हो।

धर्म और घुमक्कड़ी

किसी-किसी पाठक को भ्रम हो सकता है कि धर्म और आधुनिक घुमक्कड़ी में विरोध है। लेकिन धर्म से घुमक्कड़ी का विरोध कैसे हो सकता है, जबकि हम जानते हैं कि प्रथम श्रेणी के घुमक्कड़ ही कितने ही धर्मों के संस्थापक हुए और कितनों ने धर्म से सम्बन्धित हो अद्‌भुत साहस का परिचय देते दुनिया के दूर-दूर के देशों की खाक छानी। फाहियान की यात्रा हमने पढ़ी है। स्वेनचाङ् और ईचिङ् के भी दुर्दम्य साहस का परिचय उसकी यात्राओं से पाया है। मार्कोपोलो का उस समय की ज्ञात दुनिया में घूमना और देखी हुई चीजों का सजीव वर्णन आज भी घुमक्कड़ों के हृदय को उल्लसित कर देता है। जिन घुमक्कड़ों ने अपने यात्रा-वृत्तान्त लिखे, उनमें भी सबका विवरण हम तक नहीं पहुँचा, लेकिन उनमें बहुत भारी संख्या तो ऐसे घुमक्कड़ों की है, जिन्होंने अपना कोई यात्रा-वृत्तान्त नहीं लिखा। तिब्बत में गए दो सौ से ऊपर भारतीय पंडितों ने कितना कष्ट सहा होगा? घुमक्कड़-राज स्मृतिज्ञानकीर्ति (1042 ई.) ने कितनी साहसपूर्ण यात्रा आज से नौ सौ वर्ष पहले की थी। स्मृति ने अपने और दूसरों के लिखे कई संस्कृत ग्रन्थों का भोटिया भाषा में अनुवाद किया जो अब भी सुरक्षित हैं, किन्तु उन्होंने अपनी यात्रा के बारे में कुछ नहीं लिखा। हमें तिब्बत वालों का कृतज्ञ होना चाहिए जिनके द्वारा स्मृतिज्ञानकीर्ति की कुछ बातें हम तक पहुँचीं। स्मृतिज्ञानकीर्ति मगध के किसी बड़े विद्यापीठ के मेधावी तरुण पंडित थे। उस समय भारत-मही घुमक्कड़-वीरों से विहीन नहीं हुई

थी। हमारे तरुणों में दुनिया देखने और वहाँ अपने देश का सन्देश पहुँचाने की धुन रहती थी। दुनिया में भी भारत के सांस्कृतिक दूतों की माँग थी, क्योंकि भारतीय संस्कृति का सितारा उस वक्त ओज पर था। किसी विद्याप्रेमी तिब्बती बौद्ध ने भारत आकर अपने देश ले जाने के लिए पंडितों की खोज की। स्मृति और उनका एक तरुण साथी तैयार हो गए। विद्यापीठ के बन्धु-बान्धवों ने उनके संकल्प को जानकर बहुत प्रसन्नता प्रकट की और बड़ी धूमधाम से विदाई दी। स्मृति और उनके साथी पैदल चलकर नेपाल पहुँचे। नेपाल में तिब्बत ले जाने वाला पुरुष हैजे से मर गया। दोनों तरुण बड़ी कठिनाई में पड़े। उन्हें भाषा भी नहीं मालूम थी और जिसके सहारे आए थे, वह संग छोड़कर चल बसा। स्मृति ने कहा—"हम अपनी नाव डुबो चुके हैं, पीछे लौटकर परले पाय जाने का कोई उपाय नहीं है। मगध में लौटकर लोगों को क्या जबाब देंगे, जब वे कहेंगे—"आ गए तिब्बत में धर्म-विजय करके?"

अन्त में, आगे चलने का निश्चय करके दोनों तिब्बत के भीतर घुसे। यद्यपि स्मृति ने अपने साथी को ठोक-पीटकर वहाँ तक पहुँचाया, तो भी वह उस धातु का नहीं बना था जिसके कि स्मृतिज्ञानकीर्ति थे। वह स्मृति के धुरन्धर पंडित थे, लेकिन वह देख रहे थे कि तिब्बती भाषा जाने बिना उनका सारा गुड़ गोबर है। उन्होंने निश्चय किया, पहले तिब्बती भाषा पर अधिकार प्राप्त करना चाहिए। यह कोई मुश्किल बात न थी। बस, सब कुछ छोड़कर तिब्बती मानव-समाज में डूब जाने की आवश्यकता थी। उस वक्त तिब्बत में जहाँ-तहाँ संस्कृत के जानने वाले व्यक्ति भी मिलते थे। स्मृति ने उनका परिचय अपने लिए भारी विघ्न समझा। भारत आने वाले मार्ग के पास के गाँव में डाङ् में उन्हें इसका डर लगा। वह ब्रह्मपुत्र-पार और दो दिन के रास्ते पर तानक् चले गए। ग्यारहवीं शताब्दी के मध्य में तानक् के लोग कैसे रहे होंगे, यह इसी से समझा जा सकता है कि आज भी वहाँ के लोग खेती पर नहीं, अधिकतर मेषपालन पर गुजारा करते हैं और उनका अधिक समय भी स्थायी घरों में नहीं, बल्कि काले तम्बुओं में बीतता है। स्मृति एक फटा-पुराना चीथड़ा लपेटे, बड़ी गरीबी की हालत में तानक् पहुँचे। टूटी-फूटी बोली में मजूरी ढूँढ़ते हुए खाने-कपड़े पर किसी के यहाँ नौकर हो गए। स्मृति के मालिक-मालकिन अधिक कठोर हृदय के थे, विशेषकर मालकिन तो फूटी आँखों नहीं देखना चाहती थी कि

स्मृति एक क्षण भी बिना काम के बैठे। स्मृति ने सब कष्ट सहते हुए कई साल तानक् में बिताए। तिब्बती भाषा को उससे भी अच्छा बोल सकते थे, जैसा कि एक तिब्बती साथ ही उन्होंने लुक-छिपकर अक्षर और पुस्तकों से भी परिचय प्राप्त कर लिया था। शायद स्मृति और भी कुछ साल अपनी भेड़ों और चमरियों को लिए एक जगह से दूसरी जगह घूमते रहते, परन्तु इसी समय किसी तिब्बती विद्याप्रेमी को पता लगा। वह स्मृति को पकड़ ले गया। स्मृति को घुमक्कड़ी का चस्का लग गया था और वह किसी एक खूँटे से बराबर के लिए बँध नहीं सकते थे। स्मृति ने फिर अपनी मातृभूमि का मुँह नहीं देखा और नेपाल की सीमा से चीन की सीमा पर कुछ समय जहाँ-तहाँ ठहरते, शिष्यों को पढ़ाते और ग्रन्थों का अनुवाद करते हुए सारा जीवन बिता दिया। स्मृति का बौद्धधर्म से अनुराग था। हर एक घुमक्कड़ का स्मृति से अनुराग होगा। फिर कैसे हो सकता है कि कोई व्यक्ति स्मृति के धर्म (बौद्धधर्म) को अवहेलना की दृष्टि से देखे।

एक स्मृति नहीं, हजारों बौद्ध-स्मृति एशिया के कोने-कोने में अपनी हड्डियों को छोड़कर अनन्त निद्रा में विलीन हो गए। एशिया ही नहीं, मकदूनियाँ, क्षुद्र-एशिया, मिस्र से लेकर बोर्नियो और फिलिपाइन के द्वीपों तक में उनकी पवित्र अस्थियाँ बिखरी पड़ी हैं। बौद्ध ही नहीं, उस समय के ब्राह्मण-धर्मी भी कूप-मंडूक नहीं थे, वह भी जीवन के सबसे मूल्यवान् वर्षों को विद्या और कला के अध्ययन में लगाकर बाहर निकल पड़ते थे।

रत्नाकर की लहरें आज भी उनके साहस की साक्षी हैं। जावा को उन्होंने संस्कृति का पाठ पढ़ाया। चम्पा और कम्बोज में एक-से-एक धुरन्धर विद्वान् भारतीय घुमक्कड़ पहुँचते रहे। वस्तुतः पीछे के तेली के बैलों की ही नहीं, बल्कि उस समय के इन घुमक्कड़ों को देखकर कहा गया था—

एतद्देशप्रसूतस्य सकाशादग्रजन्मनः।
स्वं स्वं चरित्रं शिक्षेरन् पृथिव्यां सर्वमानवाः॥

आज भी जावा के बड़े-बड़े संस्कृत के शिलालेख, कम्बोज के सुन्दर गद्य-पद्यमय विशाल अभिलेख हमारे उन यशस्वी घुमक्कड़ों की कीर्ति को अमर किये हुए हैं। लाखों, करोड़ों, अरबों आदमी तब से भारत में पैदा हुए और मर

गए, लेकिन ऐसे कीट-पतंगों के जन्म से क्या लाभ? ये हमारे घुमक्कड़ थे जो डेढ़ हजार वर्ष पहले साइबेरिया की बाइकाल झील का चक्कर काट आए थे। आज भी भारत का नाम वहाँ उन्हीं की तपस्या के कारण अत्यन्त श्रद्धा से लिया जाता है। कोरिया के वज्र पर्वत में जाइए, या जापान के मनोरम कोयासान में, तुङ् हुवान् की सहस्त्र बुद्ध-गुहाओं में जाइए या अफगानिस्तान के बामियान में—सभी जगह अपने घुमक्कड़ों के गौरवपूर्ण चिह्न को देखकर हमारी छाती गज-भर हो जाती है, मस्तक दुनिया के सामने उन्नत और उनके सामने विनम्र हो जाता है। जिस भूमि ने ऐसे यशस्वी पुत्रों को पैदा किया, क्या वह आज केवल घरघुसुओं को पैदा करने लायक ही रह गई है।

हमारे ये भारतीय घुमक्कड़ बौद्ध भी थे, ब्राह्मण भी थे। उन्होंने एक बड़े पुनीत कार्य के लिए आपस में होड़ लगाई थी और अपने कार्य को अच्छी तरह सम्पादित भी किया था। धर्म की सभी बातों में विश्वास करना किसी भी बुद्धिवादी पुरुष के लिए सम्भव नहीं है, न हर एक घुमक्कड़ के सभी तरह के आचरणों से सहमत होने की आवश्यकता है—घुमक्कड़ इस बात को अच्छी तरह जानता है, इसलिए वह नानात्व में एकत्व को ढूँढ़ निकालता है। मुझे याद है 1913 की वह शाम, मैं कर्नाटक देश में होसपेट स्टेशन पर उतरकर विजयनगरम् के खँडहरों में पहुँचा था—वही खँडहर, जिसमें किसी समय मानव-जीवन की सुन्दर मदिरा छलक रही थी, कहीं मणि-माणिक्य, मुक्ता-सुवर्ण से भरी हुई आपणशालाएँ जगमगा रही थीं, कहीं संगीत और साहित्य की चर्चा चल रही थी, कहीं शिल्पी अपने हाथ से छूकर जादू की तरह सुन्दर वस्तुओं का निर्माण कर रहे थे, कहीं नाना प्रकार के पकवान और मिठाइयाँ तैयार करके सजाई हुई थीं, जिनकी सुगन्धि से जीभ को सिक्त होने से रोकना मुश्किल था। आज जो उजड़े दीखते हैं, उस समय में वे भव्य देवालय थे जिनकी गंध-धूप से चारों ओर सुगन्ध छिटक रही थी और जिनकी बाहर की वीथियों में तरह-तरह की सुगन्धित पुष्पों की मालाएँ सामने रखे मालिनें बैठी रहती थीं। इसी सायंकाल को तरुणियाँ नवीन परिधान पहिने भ्रमर-सदृश काले चमकीले केशपाशों को सुन्दर पुष्पों से सजाये अपने यौवन और सौन्दर्य से दिशाओं को चमत्कृत करती घूमने निकलती थीं। प्राचीन विजयनगर के अतीत के चित्र को अपने मानस-नेत्रों से देखता और पैरों से उसके बीहड़ कंकाल में घूमता

हुआ मैं एक इमली के पेड़ के नीचे पहुँचा। एक पुराने चबूतरे पर वहाँ एक वृद्ध बैठा था—साधारण आदमी नहीं, घुमक्कड़।

वृद्ध ने एक तरुण घुमक्कड़ को देखकर कहा—आओ संत, थोड़ा आराम करो। तरुण घुमक्कड़ उसके पास बैठ गया। सामने आग जल रही थी। दक्षिणी अमेरिका से तीन सौ ही वर्ष पहले आए तम्बाकू ने साधारण लोगों के जीवन की ही शुष्कता को कुछ हद तक दूर नहीं कर दिया, बल्कि उसके गुणों के कारण आज घुमक्कड़ भी उसके कृतज्ञ हैं। वहाँ आग भी उसी के लिए जल रही थी। नहीं कह सकता, ज्येष्ठ घुमक्कड़ के पास गाँजा था या नहीं। यह भी नहीं कह सकता कि उस महीने में तरुण गाँजापान से विरत था या नहीं। खैर, ज्येष्ठ घुमक्कड़ ने सूखे तमाखू की चिलम भरी और फिर दोनों बारी-बारी से चिलम का दम लगाते देश-देशान्तर की बातें करने लगे। थोड़ी देर में एक तीसरा घुमक्कड़ भी आ गया। चिलम कुछ देर से हाथ में आने लगी, किन्तु अब गोष्ठी में तीन कंठों से बातें निकल रही थीं। सूर्य अस्त हो गया, अँधेरा होने की नौबत आई। तीसरे घुमक्कड़ ने तरुण से कहा—"चलें तुंगभद्रा के तीर, वहाँ और भी तीन मूर्तियाँ हैं।" ज्येष्ठ घुमक्कड़ से एक चिर-परिचित बन्धु की तरह विदाई ले तरुण उसके साथ चल पड़ा। जानते हैं, वे तीनों घुमक्कड़ कौन से धर्म को मानते थे। उनका सर्वोपरि धर्म था घुमक्कड़ी, किन्तु उन्होंने अपने-अपने व्यक्तिगत धर्म भी मान रखे थे। ज्येष्ठ घुमक्कड़ एक मुसलमान फकीर, अच्छा घुमक्कड़ था; तरुण घुमक्कड़ इन्हीं पंक्तियों का लेखक था और उस समय शंकराचार्य और रामानुजाचार्य के पंथों के बीच में लटक रहा था तथा छुआछूत में थोड़ा उदार हो पाया था। तीसरा घुमक्कड़ शायद कोई संन्यासी था।

तुंगभद्रा के किनारे पत्थर की मढ़ियों और घरों की क्या कमी थी जबकि विजयनगर की सारी नगरी वहाँ बिखरी हुई थी। मढ़ी नहीं, पत्थर का ओसारा-जैसा था। लकड़ी की कमी नहीं थी, यह इसी से स्पष्ट था कि धूनी में मन-मन-भर के तीन-चार कुंदे लगे हुए थे। उस प्रदेश में जाड़ा अधिक नहीं होता, तो भी यह पूस-माघ का महीना था। पाँच मूर्तियाँ धूनी के किनारे बैठी हुई थीं। किसी के नीचे कम्बल था, किसी के नीचे मृगछाला। दुकान शायद पास में नहीं थी। यदि रही होती तो अवश्य उनमें से किसी ने भी अपनी गाँठ के पैसे को खोलने में कम उतावलापन नहीं दिखाया होता। घुमक्कड़ी का रस यहाँ छल-छल बह रहा था, किसी में 'मैं

और मेरे' की भावना न थी, न किसी तरह की चिन्ता थी। उनमें न जाने कौन कहाँ पैदा हुआ था। घुमक्कड़ जब तक कोई विशेष प्रयोजन न हो, किसी का जन्म-स्थान नहीं पूछते और जात-पाँत पूछना तो घटिया श्रेणी के घुमक्कड़ों में ही देखा जाता है। किसी ने आटे को गूँध दिया और किसी ने बड़े-बड़े टिक्कर धूनी की एक ओर हटाई निर्धूम आग में डाल दिये। किसी ने चिलम भरकर भीगी साफी के साथ दोनों हाथों से सर्वज्येष्ठ पुरुष के हाथ में दिया और उसने "लेना हो शंकर, गाँजा है न कंकर। कैलाशपति के राजा, दम लगाना हो तो आ जा।" कहकर एक हल्की और दूसरी कड़ी तान खींची, फिर मुँह से धुएँ की विशाल राशि को चारों ओर बिखेरते हुए अपने बगल के घुमक्कड़ के हाथ में दे दिया। चिलम इसी तरह घूमती रही, उधर देश-देशान्तरों की बातें भी होती रहीं। किसी ने किसी नवीन स्थान की बातें सुनकर वहाँ जाने का संकल्प किया; किसी ने अपने देखे हुए स्थानों की बातें कहकर दूसरे का समर्थन किया। भोजन चाहे सूखी रोटी और नमक का ही रहा हो, लेकिन वह कितना मधुर रहा होगा, इसका अनुमान एक घुमक्कड़ ही कर सकता है। बड़ी रात तक इसी तरह घुमक्कड़ों का सत्संग चलता रहा। वेदान्त, वैराग्य का वहाँ कोई नाम नहीं लेता था, न हरिकीर्तन की कोई पूछ थी (अभी हरिकीर्तन की बीमारी बहुत बढ़ी नहीं थी)। घुमक्कड़ जानते हैं, यह दुनिया ठगने की चीज है। प्रथम श्रेणी के घुमक्कड़ इस तरह की प्रवंचना से अलग रहना चाहते हैं।

हाँ, तो धर्मों की संकीर्ण सीमाओं को घुमक्कड़ पार कर जाता है, उसके लिए यह भेदभाव तुच्छ-सी चीज़ है, तभी तो वहाँ इमली के नीचे मुसलमान घुमक्कड़ ने दो काफिर घुमक्कड़ का स्वागत किया और तुंगभद्रा के तट पर पाँचों मूर्तियों ने संन्यासी, वैरागी का कोई खयाल नहीं रखा। लेकिन घुमक्कड़ की उदारता के रहते हुए भी धर्मों की सीमाएँ हैं जिनके कारण घुमक्कड़ और ऊपर नहीं उठने पाता। यदि यह नहीं होता तो तरुण घुमक्कड़ को इमली के नीचे रात बिताने में उज्र नहीं होनी चाहिए थी। आखिर वहाँ धूनी रमाए शाह साहब दो टिक्कर पैदा कर सकते थे जिसमें एक तरुण को भी मिल जाता। यहाँ आवश्यकता थी कि घुमक्कड़ सारे बन्धनों को तोड़ फेंकता। वहाँ तक पहुँचने में इन पंक्तियों के लेखक को पन्द्रह-सोलह वर्ष लगे और उसमें सफलता मिली बुद्ध की कृपा से, जिसने हृदय की ग्रन्थियों को भिन्न कर दिया, सारी समस्याओं को छिन्न कर दिया।

ईसाई घुमक्कड़ ब्राह्मणधर्मी घुमक्कड़ से इस बात में अधिक उदार हो सकता है। मुसलमान फकीर भी घुमक्कड़ी के नशे में चूर होने पर किसी तरह के भेदभाव को नहीं पूछता। लेकिन, सबसे हीरा धर्म घुमक्कड़ के लिए जो हो सकता है, वह है बौद्धधर्म, जिसमें न छुआछूत की गुंजाइश है, न जात-पाँत की। वहाँ मंगोल चेहरा और भारतीय चेहरा, एशियाई रंग और यूरोपीय रंग, कोई भेदभाव उपस्थित नहीं कर सकते। जैसे नदियाँ अपने नाम-रूप को छोड़कर समुद्र में एक हो जाती हैं, उसी तरह यह बौद्धधर्म है। इस धर्म ने घुमक्कड़ों के लिए एशिया के बड़े भाग का दरवाजा खोल दिया है। चीन में जाओ या जापान में, कोरिया में जाओ या कम्बोज में, स्याम में जाओ या सिंहल में, तिब्बत में जाओ या मंगोलिया में, सभी जगह आत्मीयता देखने में आती है। लेकिन घुमक्कड़ को यह आत्मीयता किसी संकीर्ण अर्थ में नहीं लेनी चाहिए। उसके लिए चाहे कोई रोमन कैथोलिक या ग्रीक सम्प्रदाय का भिक्षु हो, यदि वह भिक्षुपन की उच्च सीढ़ी अर्थात प्रथम श्रेणी के घुमक्कड़ के पद पर पहुँच गया है, तो उसे ईसाई साधु को देखकर उतना ही आनन्द होगा जितना अपने सम्प्रदाय के व्यक्ति से मिलकर। उसके बर्ताव में उसी समय बिलकुल अन्तर हो जाएगा जबकि मालूम हो जाएगा कि कैथोलिक साधु तेली का बैल नहीं है और न रेलों तथा जहाजों तक ही गति रखता है। जहाँ उसने अफ्रीका के सेहरा, सीनाई पर्वत की यात्रा की कुछ बातें बतलाईं कि दोनों में सगापन स्थापित हो गया। साधु सुन्दरसिंह के नाम को कौन सम्मान से नहीं लेगा। वह एक ईसाई घुमक्कड़ थे और हिमालय के दुर्गम प्रदेशों में बराबर इधर-से-उधर जाते रहने में रस लेते थे। ऐसी ही किसी यात्रा में उन्होंने कहीं पर अपने शरीर को छोड़ दिया। साधु सुन्दरसिंह के ईसा के भक्त होने में कौन-सा अन्तर पड़ जाता है? घुमक्कड़ वस्तुतः धर्म को व्यक्तिगत चीज समझता है।

धर्मों और सम्प्रदायों के बन्धनों का ऊपरी प्रश्न घुमक्कड़ के लिए कोई बात नहीं है। दोनों मध्य एशिया में इस्लाम के पहुँचने के पहले घुमक्कड़ साधुओं का बोलबाला था। देश-देश के घुमक्कड़ वहाँ पहुँचते थे। दक्षिण से भारतीय, पूर्व से चीनी बौद्ध आते, पश्चिम से नेस्तोरी (ईसाई) और मानीपंथी साधु आते। उनके अलग-अलग मठ और मन्दिर भी थे, किन्तु साथ ही एक-दूसरे के मन्दिर के द्वार भी किसी के लिए बन्द नहीं थे। सुदूर उत्तर एशिया की घुमन्तू जाति में भी वह बहुत

घूमा करते थे। वह भी एक जगह मिलने पर उसी तरह का दृश्य उपस्थित करते, जैसा कि उस दिन तुंगभद्रा के किनारे देखने में आया था। लेकिन हजार-ग्यारह सौ वर्ष पहले मध्य एशिया में इस्लाम-जैसा कट्टर धर्म पहुँच गया। उसने समझाने की जगह तलवार से काम लेना चाहा। मध्य एशिया में ऐसे अनेक उदाहरण मिले हैं जबकि बौद्धों, मानी और नेस्तोरी पंथ के साधुओं ने एक छत के नीचे रहकर अपना जीवन बिताया और उसी छत के नीचे, इस्लामी तलवार के नीचे अपनी गर्दनें दे दी। यहाँ तक कि जब पूर्वी मध्य एशिया से बौद्ध साधु भागकर दक्षिण में लद्दाख के बौद्ध देश में आए, तो वह अपने साथ नेस्तोरी बन्धुओं को भी लेते आए। इस महान् भ्रातृभाव को इस्लामी मुल्ला नहीं समझ पाए। आगे चलकर उनमें घुमक्कड़ी का बीज जब जमने लगा, तो सभी धर्मों के साथ सहिष्णुता भी उनके फकीरों में आने लगी।

धर्मों के सम्बन्ध में घुमक्कड़ का क्या भाव होना चाहिए, यह ऊपर के कथन से स्पष्ट हो गया होगा। घुमक्कड़ी व्रत और संकीर्ण साम्प्रदायिकता एक साथ नहीं चल सकते। प्रथम श्रेणी के घुमक्कड़ को हम श्रेष्ठ पुरुष मानते हैं। वह मानव-मानव में संकीर्ण भेदभाव को नहीं पसन्द करता। सभी धर्मों ने मानवता की जो अमूल्य सेवाएँ भिन्न-भिन्न क्षेत्रों में की हैं, उसकी वह कदर करता है, यद्यपि धर्मान्धों को वह क्षमा नहीं कर सकता। सभी धर्मों ने केवल देववाद और पूजा-पाखंड तक ही अपने कर्तव्य की इतिश्री नहीं समझी। उन्होंने अपने-अपने कार्यक्षेत्र में उच्च साहित्य का सृजन किया, उच्च कला का निर्माण किया, वहाँ के लोगों के मानसिक विकास के तल को ऊँचा किया, साथ ही आर्थिक साधनों को भी उन्नत बनाने में सहायता की। यही सेवाएँ हैं जिनके कारण तत्तद देशों में अपने-अपने धर्म के प्रति विशेष सद्भाव और प्रेम देखा जाता है तथा कोई अपने ऐसे सेवक धर्म को सहसा छोड़ने के लिए तैयार नहीं होता। जिस तरह धर्मों ने सारे देश और जाति की सेवा की है, उसी तरह उसने घुमक्कड़ी आदर्श के विकास और विस्तार में भी भाग लिया है। इसलिए धर्मों की सारी निर्दोष भावनाओं और प्रवृत्तियों के प्रति घुमक्कड़ की सहानुभूति होती है। हो सकता है, घुमक्कड़ का किसी एक धर्म के प्रति अधिक सम्मान हो, किन्तु अनेक बार घुमक्कड़ को सभी रूपों में देखा जा सकता है। इसे सिद्धान्तहीनता नहीं कहा जा सकता। सिद्धान्तहीनता तो तब हो जब घुमक्कड़ अपने उक्त सद्भाव को छिपाना चाहें।

लेकिन आजकल ऐसे भी घुमक्कड़ मिल सकते हैं जो धर्म से बिलकुल सम्बन्ध नहीं रखते। ऐसा घुमक्कड़ बुरा नहीं कहा जा सकता, बल्कि आजकल तो कितने ही प्रथम श्रेणी के घुमक्कड़ इसी तरह के विचार के होते हैं। विस्तृत भूखंड की यात्रा करने और शताब्दियों के अपरिमित ज्ञान के आलोड़न करने पर वह धर्मों से संन्यास ले सकते हैं, तो भी उच्चतम घुमक्कड़ी आदर्श को जो अपने जीवन का अंग बनाते हैं, वह सबसे अधिक अपने घुमक्कड़ बन्धुओं और सारी मानवता के हितैषी होते हैं। समय पड़ने पर नास्तिक घुमक्कड़ अपने विचारों को स्पष्ट प्रकट करते नहीं हिचकिचाता, किन्तु साथ ही सच्चे भाव में धर्म में श्रद्धा रखने वाले किसी अपने घुमक्कड़ बन्धु के दिल को वह कठोर वाग्बाण का लक्ष्य भी नहीं बना सकता। उसका लक्ष्य है—सबको मित्रतापूर्वक दृष्टि से देखना।

प्रेम

घुमक्कड़ को दुनिया में विचरना है, उसे अपने जीवन को नदी के प्रवाह की तरह सतत प्रवाहित रखना है, इसीलिए उसे प्रवाह में बाधा डालने वाली बातों से सावधान रहना है। ऐसी बाधक बातों में कुछ के बारे में कहा जा चुका है, लेकिन जो सबसे बड़ी बाधा तरुण के मार्ग में आती है, वह है प्रेम। प्रेम का अर्थ है स्त्री और पुरुष का पारस्परिक स्नेह, या शारीरिक और मानसिक लगाव। कहने को तो प्रेम को एक निराकार मानसिक लगाव कह दिया जाता है, लेकिन वह इतना निर्बल नहीं है। वह नदी जैसे प्रचंड प्रवाह को रोकने का भी सामर्थ्य रखता है। स्वच्छन्द मनुष्य की सबसे भारी निर्बलता इसी प्रेम में निहित है। घुमक्कड़ के सारे जीवन में मनुष्य मात्र के साथ मित्रता और प्रेम व्याप्त है। इस जीवन-नियम का वह कहीं भी अपवाद नहीं मानता। स्नेह जहाँ पुरुष-पुरुष का है, वहाँ वह उसी निराकार सीमा में सीमित रह सकता है, लेकिन पुरुष और स्त्री का स्नेह कभी प्लातोनिक प्रेम तक सीमित नहीं रह सकता। घुमक्कड़ अपनी यात्रा में घूमते-घामते किसी स्थान पर पहुँचता है। उसके स्निग्ध व्यवहार से उस अपरिचित स्थान के नर-नारियों का भी उसके साथ मधुर सम्बन्ध स्थापित हो जाता है। यदि घुमक्कड़ उस स्थान पर कुछ अधिक रह जाता है और किसी अगलितवयस्का-अनतिकुरूपा स्त्री से ज्यादा घनिष्ठता हो जाती है, तो निश्चय ही वह साकार प्रेम के रूप में परिणत होकर रहेगी। बहुतों ने पवित्र, निराकार, अभौतिक, प्लातोनिक प्रेम की बड़ी-बड़ी महिमा गाई है और समझाने

की कोशिश की है कि स्त्री-पुरुष का प्रेम सात्त्विक तल तक सीमित रह सकता है। लेकिन यह व्याख्या आत्म-सम्मोहन और प्रवंचना से अधिक महत्त्व नहीं रखती। यदि कोई यह कहे कि ऋण और धन विद्युत्-तरंग मिलकर प्रज्वलित नहीं होंगे, तो यह मानने की बात नहीं है।

जैसा कि मैंने पहले ही कहा है, घुमक्कड़ को केवल अपने स्वाभाविक स्नेह या मैत्रीपूर्ण भाव से ही इस खतरे का डर नहीं है। डर तब उत्पन्न होता है जब वह स्नेह ज्यादा घनिष्ठता और अधिक कालव्यापी हो जाए तथा पात्र भी अनुकूल हो। अधिक घनिष्ठता न होने देने के लिए ही कुछ घुमक्कड़ाचार्यों ने नियम बना दिया था कि घुमक्कड़ एक रात से अधिक एक बस्ती में न रहे। निरुद्देश्य घूमने वालों के लिए यह नियम अच्छा भी हो सकता है, किन्तु घुमक्कड़ को घूमते हुए दुनिया को आँखें खोलकर देखना है, स्थान-स्थान की चीजों और व्यक्तियों का अध्ययन करना है। यह सब एक नजर देखते चले जाने से नहीं हो सकता। हर महत्त्वपूर्ण स्थान पर उसे समय देना पड़ेगा जो दो-चार महीने से दो-एक बरस तक हो सकता है। इसलिए वहाँ घनिष्ठता उत्पन्न होने का भय अवश्य है। बुद्ध ने ऐसे स्थान के लिए दो और संरक्षकों की बात बतलाई है—ह (लज्जा) और अपत्रपा (संकोच)। उन्होंने लज्जा और संकोच को शुक्ल, विशुद्ध या महान् धर्म कहा है और उनके माहात्म्य को बहुत गाया है। उनका कहना है कि इन दोनों शुक्ल धर्मों की सहायता से पतन से बचा जा सकता है। और बातों की तरह बुद्ध की इस साधारण-सी बात में भी महत्त्व है। लज्जा और संकोच बहुत रक्षा करते हैं, इसमें सन्देह नहीं। जिस व्यक्ति को अपनी, अपने देश और समाज की प्रतिष्ठा का खयाल होता है, उसे लज्जा और संकोच करना ही होता है। उच्च श्रेणी के घुमक्कड़ कभी ऐसा कोई कार्य नहीं कर सकते जिससे उनके व्यक्तित्व या देश पर लांछन लगे। इसलिए ही और अपत्रपा के महत्त्व को कम नहीं किया जा सकता। इन्हें घुमक्कड़ में अधिक मात्रा में होना चाहिए। लेकिन भारी कठिनाई यह है कि अन्योन्यपूरक व्यक्तियों में एक-दूसरे के साथ जितनी ही अधिक घनिष्ठता बढ़ती जाती है, उसी के अनुसार संकोच दूर होता जाता है, साथ ही दोनों एक-दूसरे को समझने लगते हैं जिसके परिणामस्वरूप लज्जा भी हट जाती है। इस प्रकार लज्जा और संकोच एक हद तक ही रक्षा कर सकते हैं।

स्त्री-पुरुष का एक-दूसरे के प्रति आकर्षण और उसका परिणाम मानव की सनातन समस्या है। इसे हल करने की हर तरह से कोशिश की गई है। आदिम समाज में यह कोई समस्या ही नहीं थी, क्योंकि वहाँ दोनों का सम्पर्क-संसर्ग बिलकुल स्वाभाविक रूप में होता था और समाज द्वारा उसमें कोई आपत्ति नहीं उठाई जाती थी। लेकिन जैसे-जैसे समाज का विकास हुआ और विशेषकर स्त्री नहीं पुरुष समाज का स्वामी बन गया, तब से उसने इस स्वाभाविक संसर्ग में बहुत तरह की बाधाएँ डालनी शुरू कीं। बाधाओं को रखकर पहले उसने जहाँ-तहाँ गुंजाइश भी रखी थी। कितनी ही जातियों में—जिन्हें एकदम आदिम अवस्था में नहीं कह सकते—अतिथि-सेवा में स्त्री का प्रस्तुत करना भी सम्मिलित था। ग्रीक-विचारक सुकरात ने अपने अतिथि की इस तरह सेवा की थी। देहरादून जिले के जौनसार इलाके में इस शताब्दी के आरम्भ तक अतिथि की इस प्रकार से सेवा आम बात थी। इस तरह के यौन-स्वेच्छाचार के जब सभी आदिम तरीके उठा दिये गए, तो भी सारे बन्धनों को तोड़कर बहा ले जाने के डर से लोगों ने दोहरे सदाचार का प्रचार शुरू किया—"प्रवृत्ते भैरवीचक्रे, निवृत्ते भैरवीचक्रे।" साधारण समाज के सामने सदाचार का दूसरा रूप रखा गया और एकान्त में स्वगोष्ठी वालों के सामने दूसरा ही सदाचार माना जाने लगा। यह काम सिर्फ भारतवर्ष में बौद्ध या ब्राह्मण तांत्रिकों ने ही नहीं किया, बल्कि दूसरे देशों में भी यह प्रथा देखी गई है। भारत में भी यह प्रथा पुराणपंथियों तक ही सम्बन्धित नहीं रही, बल्कि कितने ही पूज्य आधुनिक महापुरुषों ने इस आध्यात्मिक साधना का एक आवश्यक अंग माना है। यौन-संसर्ग को उसके स्वाभाविक रूप तक में लेना कोई वैसी बात नहीं है, लेकिन आध्यात्मिक सिद्धि का उसे साधन मानना—यह मनुष्य की निम्न कोटि की प्रवृत्तियों से अनुचित लाभ मात्र है, मनुष्य की बुद्धि का उपहास करना है।

प्रथम श्रेणी के घुमक्कड़ से यह आशा नहीं रखी जा सकती कि अध्यात्म सिद्धि, दर्शन, यौगिक चमत्कार की भूलभुलैया में पड़कर वह प्राचीन या नवीन वाममार्ग की मोहक व्याख्याओं को स्वीकार करेगा। शायद उसके असली आदिम रूप में स्वीकार करने में उसे उतनी आपत्ति नहीं होगी, किन्तु उसे अर्थ-धर्म-काम-मोक्ष और दुनिया की सारी ऋद्धि-सिद्धियों का साधन मनवाना, यह अति में जाना है। लेकिन स्वाभाविक मानने का यह अर्थ नहीं है कि घुमक्कड़ उसे

बिलकुल हल्के दिल से स्वीकार करे। वस्तुतः उसे अपनी व्याख्या का स्वयं लाभ उठाने की कोशिश नहीं करनी चाहिए और खयाल रखना चाहिए कि वैसा करने पर उसका पंख कट जाएगा और फिर वह आकाशचारी विहग नहीं रह सकेगा।

ह्री और अपत्रपा के अतिरिक्त और भी चीजें हैं जिनको ध्यान में रखते हुए घुमक्कड़ आत्मरक्षा कर सकता है। यह मालूम है कि यौन सम्बन्ध जहाँ सुलभ है, वहाँ रतिज रोगों की भरमार होती है। उपदेश और मूत्रकृच्छ के भयानक रोग उन स्थानों पर सर्वत्र फैले दीख पड़ते हैं। अल्पविकसित समाज में यौन-सम्बन्धों पर उतना प्रतिबन्ध नहीं रहता और जहाँ ऐसे समाज का सम्बन्ध अधिक प्रतिबन्ध वाले तथा अधिक विकसित समाज के व्यक्तियों से होता है, वहाँ रतिज रोगों का भयंकर प्रसार हो पड़ता है। हिमालय के लोग यौन-सम्बन्ध में बहुत-कुछ दो-ढाई हजार वर्ष पहले के लोगों-जैसे थे। अंग्रेजों ने हिमालय के कुछ स्थानों पर गोरों के लिए छावनियाँ स्थापित कीं जहाँ मैदानी लोग भी पहुँच गए। छावनियों ने रतिज रोगों के वितरण का काम बड़े जोर से किया। आज इन छावनियों के पास के गाँवों में 70 प्रतिशत तक नर-नारी रतिज-रोगग्रस्त हैं। शिमला के पास के कुछ गाँव तो उजड़ने को तैयार हैं। एक गाँव में मूत्रकृच्छ के कारण कई घर निर्वंश हो चुके हैं। मूत्रकृच्छ वंश-उच्छेद करता और व्याधिग्रस्त व्यक्ति को कष्ट देता है, साथ ही वह उपदंश की भाँति ही एक से दो, दो से चार, चार से सोलह करके शीघ्रता से बढ़ता जाता है; इसलिए एक शताब्दी भी नहीं हुई और छावनियों के पास के गाँवों की ऐसी हालत हो गई। उपदंश और भी भयंकर रोग है। वह फैलने ही में तेज नहीं, बल्कि अपने साथ कुष्ठ और पागलपन की आनुवंशिक बीमारियाँ लिये चलता है। उपदंश का रोगी संतानोत्पत्ति से वंचित नहीं होता, अर्थात् वह अपने रोग को अगली पीढ़ियों तक के लिए छोड़ जाता है जिससे व्यक्ति ही नहीं जाति के लिए भी वह भयंकर चीज है। मूत्रकृच्छ की तो पेनिसिलीन-जैसी कुछ रामबाण ओषधियाँ भी निकल आई हैं, लेकिन उपदंश तो अब भी असाध्य-सा है। घुमक्कड़ को इस बात पर सावधानी से विचार करना होगा और ध्यान रखना होगा जिसमें वह किसी भारी भूल का शिकार न हो जाए। जहाँ यौन-सम्बन्ध सुलभ है, वहाँ यदि रतिज रोगों की भयंकरता का खयाल रखा जाए और जहाँ दुर्लभ है, वहाँ

लज्जा और संकोच का कवच पास में रहे, तो कितनी ही हद तक तरुण घुमक्कड़ अपनी रक्षा कर सकता है।

स्त्री-पुरुष का पारस्परिक आकर्षण बहुत प्रबल है। सवाल हो सकता है, क्या घुमक्कड़ के लिए ऐसा रास्ता निकल आ सकता है जिसमें वह अपने धर्म से पतित हुए बिना जीवन-यात्रा को पूरा कर सके? हाँ, इसका एक ही उपाय है जिसकी ओर हम संकेत भी कर चुके हैं। वह है—दो घुमक्कड़ व्यक्तियों में प्रेम का होना जिसके लिए वह यह शर्त रख सकते हैं कि प्रेम उनके लिए पाश बनने का कारण न होगा। ऐसा प्रेम या तो नदी या नाव का संयोग होगा या दो सहयात्रियों का प्रेम होगा। लेकिन दोनों अवस्थाओं में यह तो ध्यान रखना होगा कि संख्या चतुष्पाद से अधिक नहीं हो। शर्त कठिन है, लेकिन जिसने घुमक्कड़ का व्रत लिया है, उसे ऐसी शर्तों के लिए तैयार रहना चाहिए।

कई घुमक्कड़ों ने जरा-सी असावधानी से अपने लक्ष्य को खो दिया और बैल बनकर खूँटे से बँध गए। वहाँ उनका वह जीवन, जबकि वह सदा चलते-घूमते अपने मुक्त जीवन और व्यापक ज्ञान से दूसरों को लाभ पहुँचाते रहे और कहाँ उनका चरम पतन? मुझे आज भी अपने एक मित्र की करुण कहानी याद आती है। उसकी घुमक्कड़ी भारत से बाहर नहीं हुई थी, लेकिन भारत में वह काफी घूमा था। यदि भूल न की होती, तो बाहर भी बहुत घूमता। वह प्रतिभाशाली विद्वान् था। मैं उसका सदा प्रशंसक रहा, यद्यपि न जानने के कारण एक बार उसको ईर्ष्या हो गई थी। घूमते-घूमते वह गुड़ की मक्खी बन गया, पंख बेकार हो गए। फिर क्या था, द्विपाद से चतुष्पाद तक ही थोड़े रुक सकता था। षट्पाद, अष्टपाद, और शायद द्वादशपाद तक पहुँचा। सारी चिन्ताएँ अब उसके सिर पर आ गईं। उसका वह निर्भीक और स्वतंत्र स्वभाव सपना हो चला जबकि नून-तेल-लकड़ी की चिन्ता का वेग बढ़ा। नून-तेल-लकड़ी जुटाने की चिन्ता ने उसके सारे समय को ले लिया और अब वह गगन-बिहारी हारिल जमीन पर तड़फड़ा रहा था। चिन्ताएँ उसके स्वास्थ्य को खाने लगी और मन को भी निर्बल करने लगीं। वह अद्‌भुत प्रतिभाशाली स्वतंत्रचेता विद्वान्—जिसका अभाव मुझे कभी-कभी बहुत खिन्न कर देता है—अन्त में अपनी बुद्धि खो बैठा, पागल हो गया। खैरियत यह हुई कि एक-दो साल ही में उसे इस दुनिया और उसकी चिन्ता से मुक्ति मिल गई। यदि वह असाधारण मेधावी पुरुष न

होता, यदि वह बड़े-बड़े स्वप्नों को देखने की शक्ति नहीं रखता, तो साधारण मनुष्य की तरह शायद कैसे ही जीवन बिता देता। उसको ऐसा भयंकर दंड इसीलिए मिला कि उसने जीवन के सामने जो उच्च लक्ष्य रखा था जिसे अपनी गलती के कारण उसे छोड़ना पड़ा था, वही अन्त में चरम निराशा और आत्मग्लानि का कारण बना। घुमक्कड़ तरुण जब अपने महान् आदर्श के लिए जीवन समर्पित करे, तो उसे पहले सोच और समझ लेना होगा कि गलतियों के कारण आदमी को कितना नीचे गिरना पड़ता है और परिणाम क्या होता है।

इन पंक्तियों के लिखने से शायद किसी को यह खयाल आए कि घुमक्कड़-पंथ के पथिकों के लिए भी वही ब्रह्मचर्य चिरपरिचित, किन्तु अव्यवहार्य, वही आकाश-फल तोड़ने का प्रयास बतलाया जा रहा है। मैं समझता हूँ—उन सीमाओं और बन्धनों को न मानकर फूँक से उड़ा देना केवल मन की कल्पना-मात्र होगी जिन्हें कि आज के समाज ने बड़ी कड़ाई के साथ स्वीकार कर लिया है। हो सकता है, यह रूढ़ियाँ कुछ सालों बाद बदल जाएँ—बड़ी-बड़ी रूढ़ियाँ भी बदलती देखी जा रही हैं—उस वक्त घुमक्कड़ के रास्ते की कितनी ही कठिनाइयाँ स्वतः हल हो जाएँगी। लेकिन इस समय तो घुमक्कड़ को बहुत कुछ आज के बाजार के भाव से चीजों को खरीदना पड़ेगा, इसीलिए लज्जा और संकोच को हटा फेंकना अच्छा नहीं होगा। यह सब मानते हुए भी यह भी मानना पड़ेगा कि प्रेम में स्वभावतः कोई ऐसा दोष नहीं है। वह मानव-जीवन को शुष्क से सरस बनाता है वह अद्भुत आत्म-त्याग का भी पाठ पढ़ाता है। दो स्वच्छन्द व्यक्ति एक-दूसरे से प्रेम करें, यह मनुष्य की उत्पत्ति के आरम्भ से होता आया है, आज भी हो रहा है, भविष्य में भी ऐसी किसी समय की कल्पना नहीं की जा सकती जबकि मानव और मानवी एक-दूसरे के लिए आकर्षक और पूरक न हों। वस्तुतः हमारा झगड़ा प्रेम से नहीं : प्रेम रहे, किन्तु पंख भी साथ में रहें। प्रेम यदि पंखों को गिराकर ही रहना चाहता है, तब तो कम-से-कम घुमक्कड़ को इसके बारे में सोचना क्या, पहले ही उसे हाथ जोड़ देना होगा। दोनों प्रेमियों के घुमक्कड़ी धर्म पर दृढ़ आरूढ़ होने पर बाधा का कम डर रहता है। एक हिमालय का घुमक्कड़ कई सालों तक चीन से भारत की सीमा तक पैदल चक्कर लगाता रहा; उसके साथ उसी तरह की सहयात्रिणी थी। लेकिन कुछ सालों बाद न जाने कैसे मतिभ्रम

में पड़े और वह चतुष्पाद से षट्पाद हो गए, फिर उसके पुराने सारे गुण जाते रहे—न वह जोश रहा, न वह तेज।

प्रेम के बारे में किस-किस दृष्टि से सोचने की आवश्यकता है, इसे हमने कुछ यहाँ रख दिया है। घुमक्कड़ को परिस्थिति देखकर इस पर विचार करना और रास्ता स्वीकार करना चाहिए। शरीर में पौरुष और बल रहते-रहते यदि भूल हो तो कम-से-कम आदमी एक घाट का तो हो सकता है। समय बीत जाने पर, शक्ति के शिथिल हो जाने पर भार का कंधे पर आना अधिक दुख का कारण होता है। फिर यह भी समझ लेना है कि घुमक्कड़ का अन्तिम जीवन पेंशन लेने का नहीं है। समय के साथ-साथ आदमी का ज्ञान और अनुभव बढ़ता जाता है और उसको अपने ज्ञान और अनुभव से दुनिया को लाभ पहुँचाना है, तभी वह अपनी जिम्मेदारी और हृदय के भाव को हल्का कर सकता है। इसके साथ ही यह भी स्मरण रखना चाहिए कि समय के साथ दिन और रातें छोटी होती जाती हैं। बचपन के दिनों और महीनों पर खयाल दौड़ाइए, उन्हें आज के दिनों से मुकाबला कीजिए। मालूम होगा, आज के दस दिन के बराबर उस समय का एक दिन हुआ करता था। वह दिन युगों में वैसे ही बीते, जैसे तेज बुखार आए आदमी का दिन। अन्तिम समय में, जहाँ दिन-रात इस प्रकार छोटे हो जाते हैं, वहाँ करणीय कामों की संख्या और बढ़ जाती है। जिस वक्त अपनी दुकान समेटनी है, उस समय के मूल्य का ज्यादा खयाल करना होगा और अपनी घुमक्कड़ी की सारी देनों को संसार को देकर महाप्रयाण के लिए तैयार रहने की आवश्यकता है। भला ऐसे समय पंथ की सीमाओं के बाहर जाकर प्रेम करने की कहाँ गुंजाइश रह जाती है? इस प्रकार घुमक्कड़ी से पेंशन लेकर प्रेम करने की साध भी उचित नहीं कही जा सकती।

तो क्या कहना पड़ेगा कि मेघदूत के यक्ष की तरह और एक वर्ष नहीं, बल्कि सदा के लिए प्रेम से अभिशप्त होकर रहना घुमक्कड़ के भाग्य में बदा है। बात वस्तुतः बहुत कुछ ऐसी ही मालूम होती है। घुमक्कड़ चाहे मुँह से कहे या न कहे, लेकिन दूसरों को समझ लेना चाहिए कि उससे प्रेम करके कोई व्यक्ति सुखी नहीं रह सकता। वह अपने सम्पूर्ण हृदय को किसी दूसरी प्रेयसी—घुमक्कड़ी—को दे चुका है। उसके दो हृदय तो नहीं हैं कि एक-एक को एक-एक में बाँट दे। घुमक्कड़ की प्रेमिकाओं का बहुत पुराना तजर्बा है—"परदेसी की प्रीति, भुस का तापना। दिया

कलेजा फूँक, हुआ नहीं आपना।" हमारे देश में बंगाल और कामाख्या जादूगर महिलाओं के देश माने जाते रहे हैं। कोई-कोई कटक को भी उनमें शामिल करते थे और कहा जाता था कि वहाँ की जादूगरियाँ आदमी को भेडा बनाकर रख लेती हैं। घुमक्कड़ों की परम्परा में ऐसे और कई स्थान शामिल किये गए थे जिनकी बातें मौखिक परम्परा से एक से दूसरे के पास पहुँच जाती थीं। एक आजन्म घुमक्कड़ साधु कुल्लू की सीमा के भीतर इसलिए नहीं गए कि उन्हें किसी गुरु ने बतला दिया था—"जो जाए कुल्लू, हो जाए उल्लू।" हमारे आज के घुमक्कड़ को सिर्फ भारत की सीमा के ही भीतर नहीं रह पूरब-पश्चिम, उत्तर-दक्षिण चारों खूँट पृथ्वी को त्रिविक्रम की तरह अपने पैरों से नापना है, फिर उसके रास्ते में न जाने कितने कामाख्या, बंगाल और कुल्लू मिलेंगे और न जाने कितनी जगह मंत्र पढ़कर पीली सरसों उस पर फेंकी जाएगी। इसलिए उसके पास दृढ़ मनोबल की वैसी ही अत्यधिक आवश्यकता है, जैसे दुर्गम पथों में साहस और निर्भीकता की।

देश-ज्ञान

आज जिस प्रकार के घुमक्कड़ों की दुनिया को आवश्यकता है, उन्हें अपनी यात्रा केवल 'स्वांतः सुखाय' नहीं करनी है। उन्हें हरेक चीज इस दृष्टि से देखनी है जिसमें कि घर बैठे रहने वाले दूसरे लाखों व्यक्तियों की वह आँख बन सके। इसीलिए घुमक्कड़ को अपनी यात्रा के आरम्भ करने से पहले उस देश के बारे में कितनी ही बातों की जानकारी प्राप्त कर लेनी आवश्यक है। सबसे पहले जरूरी है रास्ता और देश के ज्ञान के लिए नक्शे का अध्ययन। पुराने युग के घुमक्कड़ों के लिए यह बड़ी कठिन बात थी। उस वक्त नक्शे जो थे भी, वे अन्दाजी हुआ करते थे। यद्यपि मोटी-मोटी बातों और दिशाओं का ज्ञान हो जाता था, किन्तु देश का कितना थोड़ा ज्ञान होता था, यह तालमी या दूसरे पुराने नक्शाकारों के मानचित्रों को देखने से मालूम हो जाएगा। उस नक्शे का आज के देश से सम्बन्ध जोड़ना मुश्किल था। ईसवी सदी के बाद जब रोमन, भारतीय और अरब ज्योतिषियों में भिन्न-भिन्न नगरों के अक्षांश और देशान्तर बेध द्वारा मालूम किये, तो भौगोलिक जानकारी के लिए अधिक सुभीता हो गया। तो भी अच्छे नक्शे 18वीं सदी से ही बनने लगे। आज तो नक्शा-निर्माण एक उच्च कला और एक समृद्ध विज्ञान है। किसी देश में यात्रा करने वाले घुमक्कड़ के लिए नक्शे का देखना ही नहीं, बल्कि उसके मोटे-मोटे स्थानों को हृदयस्थ कर लेना आवश्यक है। जिन नगरों और स्थानों में जाना है, वहाँ की भूमि पहाड़ी, मैदानी या बालुकामयी है—इन बातों का ज्ञान होना चाहिए। पहाड़ी भूमि की कम-से-कम और अधिक-से-अधिक कितनी ऊँचाई है, यह भी मालूम होना चाहिए।

अक्षांश और उन्नतांश (भूमि की ऊँचाई) के अनुसार सर्दी बढ़ती-घटती है। ऋतुओं का परिवर्तन सुमात्रा के बीच से जाने वाली भूमध्य रेखा के उत्तर और दक्खिन में उलटा होता है। जावा और बाली की ओर जाने वाले घुमक्कड़ों का इसकी ओर ध्यान होना आवश्यक है। हमारे यहाँ यह तो कथा थी कि देवों के देश में छह महीने का दिन और छह महीने की रात होती है, लेकिन भौगोलिक तथ्य के तौर पर इसका ज्ञान आधुनिक काल ही में हुआ। रात्रि और दिन का इतना विस्तार हो जाना कि वह एक-दूसरे की जगह ले लें, इसका पता काफी पहले से हो चुका था। 1395 ई. में तैमूर रूस के मंगोल शासकों पर चढ़ाई करते हुए मास्को तक गया। उसकी सेना उत्तर में बढ़ते-बढ़ते बहुत दूर गई जहाँ रात्रि नाममात्र की रह गई। तैमूर के सौभाग्य से रोजे का दिन नहीं था, नहीं तो या तो धर्म छोड़ना होता या प्राण देना पड़ता। तो भी यह समस्या थी कि 20 घंटे के दिन में पाँचों नमाजों को कैसे बाँटा जाए। तैमूर ने तीन साल बाद 1398 ई. में दिल्ली भी लूटी, लेकिन शायद उस वक्त के दिल्ली वालों को तैमूर के सिपाहियों की इस बात पर विश्वास नहीं होता। बहुत दूर उत्तरी ध्रुव में छह महीने का दिन और छह महीने की रात होती है। मैंने तो लेनिनग्राद में भी देखा कि गर्मियों के प्राय: तीन महीने, जिसमें जुलाई और अगस्त भी शामिल हैं, रात्रि होती ही नहीं। दस बजे सूर्यास्त हुआ, दो घंटा गोधूलि ने लिया और अगले दो घंटों को उषा ने। इस प्रकार रात बेचारी के लिए अवकाश ही नहीं रह जाता और आधी रात को भी आप घर से बाहर बिना चिराग के अखबार पढ़ सकते हैं।

इन भौगोलिक विचित्रताओं का थोड़ा-बहुत ज्ञान घुमक्कड़ को अपनी प्रथम यात्रा से पहले होना चाहिए। जब वह किसी खास देश में विचरने जा रहा हो, तो उसके बारे में बड़े नक्शे को लेकर सभी चीजों का भलीभाँति अध्ययन करना चाहिए। तिब्बत और भारत के बीच में उत्तुंग हिमालय की पर्वतमालाएँ हैं, लेकिन वह कभी मनुष्य के लिए दुर्लंघ्य नहीं रहीं। कश्मीर से लेकर आसाम तक कई सौ ऐसे पर्वत-कंठ हैं जिनसे पर्वत-पृष्ठों को पार किया जा सकता है। हाँ, रास्ते सभी सुगम नहीं हैं, न सभी रास्तों में बस्तियाँ आसानी से मिलती हैं; इसलिए अपरिचित व्यक्ति को ऐसे ही डाँड़ों को पकड़ना पड़ता है जिनसे प्रधान रास्ते जाते हैं। जहाँ राज्य की तरफ से दिक्कतें हैं, वहाँ भेष बदलकर रास्तों को पार किया जा सकता है, अथवा अप्रचलित रास्तों को स्वीकार करना पड़ता है।

नक्शे को देखकर आसाम, भूटान, सिक्किम, नेपाल, कुमाऊँ, टिहरी, बुशहर, काँगड़ा और कश्मीर से तिब्बत की ओर जाने वाले रास्तों, उनकी बस्तियों तथा भिन्न-भिन्न स्थानों की पहाड़ी ऊँचाइयों को जिसने देख लिया है, उसके लिए कितनी ही बातें साफ हो जाती हैं। एक डाँड़ा पार कर लेने पर तो दूसरे रास्ते की जानकारी स्वयं ही बहुत-सी हो जाती है। जिसमें घुमक्कड़ी का अंकुर निहित है, उसे दो-चार मर्तबा देखा नक्शा आँख मूँदने पर भी दिखलाई पड़ता है। कम-से-कम नक्शे के साथ उसका अत्यधिक प्रेम तो होता ही है। यह स्मरण रखना चाहिए कि छिपकर की गई यात्राओं में अक्सर नक्शे को पास रखना ठीक नहीं होता, कभी-कभी तो उसका कारण विदेशी गुप्तचर माना जाने लगता है, इसलिए घुमक्कड़ यदि नक्शे को दिमाग में बैठा ले, तो अच्छा है। कभी-कभी सुपरिचित-सी साधारण पुस्तक के छपे नक्शे से भी काम लिया जा सकता है। नक्शा ही नहीं, बाज वक्त तो पुस्तक को भी छोड़ देना पड़ता है। प्रथम तिब्बत-यात्रा में, पहले जिस अंग्रेजी पुस्तक से मैंने तिब्बती भाषा का अध्ययन किया था, उसे एक स्थान पर छोड़ देना पड़ा और नक्शों को नदी में बहाना पड़ा।

नक्शों के उपयोग के साथ-साथ थोड़ा-बहुत नक्शा बनाने का अभ्यास हो तो अच्छा है। दूसरे नक्शे से काम की चीजें उतार लेना तो अवश्य आना चाहिए। जो घुमक्कड़ भूगोल के सम्बन्ध में विशेष परिश्रम कर चुका है और जिसे अल्पपरिचित-से स्थानों में जाना है, उसको उक्त स्थान के नक्शे के शुद्ध-अशुद्ध होने की जाँच करनी चाहिए। तिब्बत ही नहीं, आसाम में उत्तरी कोण पर भी कुछ ऐसे स्थान हैं जिनका प्रामाणिक नक्शा नहीं बन पाया है। नक्शों के बिन्दु जोड़कर बनाई नदियाँ दिखाई गई होती हैं जिसका अर्थ यही है कि वहाँ के लिए अभी नक्शा बनाने वाले अपने ज्ञान को निर्विवाद नहीं समझते। आज के घुमक्कड़ का एक कर्तव्य ऐसी विवादास्पद जगहों के बारे में निर्विवाद तथ्य का निकालना भी है। ऐसा भी होता है कि घुमक्कड़ पहले से किसी बात के लिए तैयार नहीं रहता, लेकिन आवश्यकता पड़ने पर वह उसे सीख लेता है। आवश्यकताओं ने ही बलात्कार करके मुझे कितनी ही चीजें सिखलाईं। मेरे घुमक्कड़ मित्र मानसरोवरवासी स्वामी प्रणवानन्द जी को आवश्यकता ही ने योगी परिव्राजक से भूगोलज्ञ बना दिया और उन्होंने मानसरोवर प्रदेश के सम्बन्ध में कुछ निर्भ्रान्त समझी जाने वाली भ्रान्त धारणाओं का संशोधन

किया। हम नहीं कहते—हरेक घुमक्कड़ को सर्वज्ञ होना चाहिए, किन्तु घुमक्कड़ी-पथ पर पैर रखते हुए कुछ-कुछ ज्ञान तो बहुत-सी बातों का होना जरूरी है।

सभी देशों के अच्छे नक्शे न मिल सकें और सभी देशों के सम्बन्ध में परिचय-ग्रन्थ भी अपनी परिचित भाषा में शायद न मिलें, किन्तु जो भी साहित्य उपलब्ध हो सके, उसे देश के भीतर घुसने से पहले पढ़ लेना बहुत लाभदायक होता है। इससे आदमी का दृष्टिकोण विशाल हो जाता है; सभी तो नहीं, लेकिन बहुत से धुँधले स्थान भी प्रकाश में आ जाते हैं। अपने पूर्वज घुमक्कड़ों के परिश्रम के बल से लाभ उठाना हरेक घुमक्कड़ का कर्तव्य है।

घुमक्कड़ के उपयोग की पुस्तकें केवल अंग्रेजी में ही नहीं हैं, जर्मन, रूसी और फ्रेंच में भी ऐसी बहुत-सी पुस्तकें हैं। हमारी हिन्दी तो देश की परतंत्रता के कारण अभी तक अनाथ थी। किन्तु अब हमारा कर्तव्य है कि हिन्दी में इस तरह के साहित्य का निर्माण करें। हमारे देशभाई व्यापार या दूसरे सिलसिले में दुनिया के कौन-से छोर में नहीं पहुँचे हैं? एशिया और यूरोप का कोई स्थान नहीं जहाँ पर वह न हों। उत्तरी अमेरिका और दक्षिणी अमेरिका के राज्यों में कितनी ही जगहों में हजारों की तादाद में वह बस गए हैं। जिसके हाथ में लेखनी है और जिनकी आँखों ने देखा है, इन दोनों के संयोग से बहुत-सी लोकप्रिय पुस्तकें तैयार की जा सकती हैं। अभी तक अंग्रेजी, फ्रेंच, जर्मन, रूसी, चीनी में जो पुस्तकें भिन्न-भिन्न देशों के बारे में लिखी गई हैं, उनका अनुवाद तो होना ही चाहिए। अरब-पर्यटकों ने आठवीं से चौदहवीं-पन्द्रहवीं सदी तक दुनिया के देशों के सम्बन्ध में बहुत-से भौगोलिक ग्रन्थ लिखे। पश्चिमी भाषाओं में विशेष ग्रन्थमाला निकाल इन ग्रन्थों का अनुवाद कराया गया। हमारे घुमक्कड़ों को पर्यटन में पूरी सहायता के लिए यह आवश्यक है कि आदिम काल से लेकर आज तक भूगोल के जितने महत्त्वपूर्ण ग्रन्थ किसी भाषा में लिखे गए हैं, उनका हिन्दी में अनुवाद कर दिया जाए। ऐसे ग्रन्थों की संख्या दो हजार से कम न होगी। हमें आशा है, अगले दस-पन्द्रह सालों में इस दिशा में पूरा कार्य हो जाएगा, तब तक के लिए हमारे आज के कितने ही घुमक्कड़ अंग्रेजी से अनभिज्ञ नहीं हैं।

भूगोल-सम्बन्धी ज्ञान के अतिरिक्त हमें गन्तव्य देश के लोगों के बारे में भी पहले से जितनी बातें मालूम हो सकें, जान लेनी चाहिए। भूमि के बाद जो बात सबसे

पहले जानने की है, वह है वहाँ के लोगों के वंश का परिचय। तिब्बत, मंगोलिया, चीन, जापान, बर्मा आदि के लोगों की आँखों और चेहरे को देखते ही हमें मालूम हो जाता है कि वह एक विशेष जाति के हैं। लेकिन ऐसी आँखें नेपाल में भी मिलती हैं। छोटी नाक गाल की उठी हड्डी, कुछ अधमुँदी-सी आँखें तथा जरा-सी ऊपर की ओर तनी भौहें—यह मंगोल वंश के चिह्न हैं। इसी तरह मानव-वंशशास्त्र द्वारा हमें नीग्रो, द्रविड़, हिन्दी, यूरोपीय तथा भिन्न-भिन्न मिश्रित वंशों के सम्बन्ध की बहुत-सी बातें मालूम हो जाएँगी। यह आँख, हड्डी, नाक तथा खोपड़ी की बनावट का ज्ञान आगे फिर उस देश के लोगों का इतिहास जानने में सहायक होगा। स्मरण रखना चाहिए कि मनुष्य जंगम प्राणी है; वह बराबर घूमता रहा है। मनुष्य-मनुष्य का सम्मिश्रण खूब हुआ है। आज के दोनों मध्य एशिया और अल्ताई के पश्चिम के भाग में आज मंगोलीय जाति का निवास दिखाई पड़ता है, किन्तु 2100 वर्ष पहले वहाँ उनका पता नहीं था। उस समय वहाँ वे लोग निवास करते थे जिनके भाई-बन्द भारत-ईरान में आर्य और वोल्गा से पश्चिम में शक कहे जाते थे। इसी तरह लद्दाख के लोग आजकल तिब्बती बोलते हैं, ईसा की सातवीं सदी के पहले वहाँ मंगोल-भिन्न जाति रहती थी जिसे खश-दरद कहते थे। नृवंश का थोड़ा-बहुत परिचय गंतव्य देश की यात्रा को अधिक सुगम बना देता है।

गंतव्य देश की भाषा का पर्याप्त ज्ञान प्राप्त करके घुमक्कड़ को उस देश में जाना चाहिए, यह नियम अनावश्यक है। यदि घुमक्कड़ को आवश्यकता हुई और अधिक समय तक रहना पड़ा, तो वह अपने आप भाषा को सीख लेगा। जहाँ जो भाषा बोली जाती है, वहाँ जाकर उसे सीखना दस गुना आसान है। जिन भाषाओं को लिखने की वर्णमालाएँ हैं, उनका लिखना-पढ़ना आसान है। लेकिन चीनी और जापानी की बात दूसरी है। उनकी लिखित भाषा को सीखना बहुत कम घुमक्कड़ों के वश की बात है, किन्तु चीनी-जापानी भाषा बोलना मुश्किल नहीं है—चीनी तो और भी आसान है। भाषा सीखकर न जानने पर भी घुमक्कड़ को गन्तव्य देश की भाषा का थोड़ा परिचय तो अवश्य होना चाहिए। अति प्रयुक्त दो सौ शब्द यदि सीख लिये जाएँ, तो उनसे यात्रा में बड़ी सहायता होगी। कम-से-कम दो सौ शब्द तो अवश्य ही सीखकर जाना चाहिए। कुछ देशों की भाषाओं के शब्द हमें पुस्तकों से मालूम हो सकते हैं। हिन्दी में तो अभी इस तरफ काम ही नहीं हुआ है। यदि भारत

फिर प्राचीन काल की तरह प्रथम श्रेणी के घुमक्कड़ों को पैदा करना चाहता है, तो यह आवश्यक है कि हिन्दी में प्रत्येक देश के सौ-डेढ़ सौ पृष्ठ के परिचय-ग्रन्थ लिखे जाएँ जिनमें नक्शे के साथ दो-चार सौ शब्द भी हों।

नये देश में जो बातें सबसे पहले हमारा ध्यान आकृष्ट करती हैं, उनके बारे में हम कह चुके हैं। लेकिन देश के ज्ञान के लिए आँखों से देखी जाने वाली बातें ही पर्याप्त नहीं हैं। हरेक देश और समाज सदियों-सहस्राब्दियों के विकास का परिणाम है। इसलिए वहाँ के इतिहास के बारे में भी कुछ ज्ञान होना चाहिए। यदि वह ऐसा देश है जहाँ की प्रचलित या धार्मिक भाषा का घुमक्कड़ को परिचय है, तो उसे वहाँ के इतिहास और ऐतिहासिक सामग्री को विशेष ध्यान से देखना होगा। सुमात्रा, जावा, बाली, मलाया, बर्मा, स्याम और कम्बोज में जाने वाले भारतीय घुमक्कड़ों को तो इस तरफ अधिक ध्यान देना बहुत आवश्यक है। इन देशों के लोग भारतीय घुमक्कड़ से इस विषय में कुछ अधिक आशा रखेंगे। ये देश भारतीय संस्कृति के विस्तार-क्षेत्र हैं, इसलिए वहाँ के लोग अपनी संस्कृति का भारत को उद्गम-स्थान मानते हैं, अतः भारतीय से कुछ अधिक ज्ञान प्राप्त करना चाहेंगे। जिस ज्ञान की कमी को किसी यूरोपीय यात्री में पाकर वह कोई सन्तोष या आश्चर्य नहीं प्रकट करेंगे, उसी कमी को भारतीय घुमक्कड़ में देखकर उन्हें आश्चर्य और ग्लानि भी हो सकती है। इसलिए हमारे घुमक्कड़ को पहले ही से आवश्यक हथियारों से लैस होकर जाना चाहिए।

इतिहास के निर्माण में लिखित सामग्री का भी उपयोग होता है। प्रत्येक सभ्य देश में कितने ही पूर्ण-अपूर्ण इतिहास-ग्रन्थ पुराने काल से लिखे जाते रहे हैं। ऐसे ग्रन्थों का महत्त्व कम नहीं है, किन्तु इतिहास की सबसे ठोस प्राकृतिक सामग्री समकालीन अभिलेख और सिक्के होते हैं। वैसे ईंटें और मूर्तियाँ भी महत्त्व रखती हैं, किन्तु वह काल के बारे में शताब्दी के भीतर का निश्चय नहीं कर सकतीं जबकि अभिलेख, सिक्के अपनी बदली लिपि के कारण समय का संकेत स्पष्ट कर देते हैं, चाहे उनमें सन्-संवत् न भी लिखा हो। बृहत्तर भारत के देशों में वही लिपि प्रचलित थी जो उस समय हमारे देश में चलती थी। जिनको पुरा-लिपि से प्रेम है, उन्हें तो बृहत्तर भारत में जाते समय पुरा-लिपि का थोड़ा ज्ञान कर लेना चाहिए और यदि ब्राह्मी-लिपि से जितनी लिपियाँ निकली हैं, उनका चार्ट पास में भौजूद

हो, तो अच्छा है। यह ज्ञान सिर्फ अपने सन्तोष और जिज्ञासा-पूर्ति के लिए सहायक नहीं होगा, बल्कि इसके कारण वहाँ के लोगों के साथ हमारे घुमक्कड़ की बहुत आसानी से आत्मीयता हो जाएगी।

वास्तु-निर्माण और उसकी ईंट-पत्थर की सामग्री इतिहास के ज्ञान में सहायक होती है। बृहत्तर भारत में ईसा की प्रथम शताब्दी से 11वीं शताब्दी तक भारत के भिन्न-भिन्न स्थानों से धर्मोपदेशक, व्यापारी और राजवंशिक जाते रहे तथा उन्होंने वहाँ की वास्तुकला के विकास में भारी भाग लिया था। वास्तुकला का साधारण परिचय तुलना करने के लिए अपेक्षित होगा। बृहत्तर भारत में जिन लोगों ने पुरातत्त्व या वास्तुकला के सम्बन्ध में अनुसंधान किया है, उनको हमारे देश का उतना ज्ञान नहीं रहा है कि वह सब चीजों की गहराई में उतर सकें, यह हमारे घुमक्कड़ को ध्यान में रखना चाहिए।

किसी भी बौद्ध देश में जाने वाले भारतीय घुमक्कड़ के लिए आवश्यक है कि वह जाने से पूर्व भारत, बृहत्तर भारत तथा बौद्ध साहित्य के इतिहास का साधारण परिचय कर ले और बौद्धधर्म की मोटी-मोटी बातों को समझ ले। कितने ही हमारे भाई उत्साह के साथ बौद्ध देशों में जा बुद्ध के प्रति अपनी श्रद्धा—जो सचमुच बनावटी नहीं होती—दिखलाते हुए ईश्वर, परमात्मा, यज्ञ-हवन की बातें कर डालते हैं। उन्हें मालूम नहीं कि इन विवादास्पद बातों के विरुद्ध बातों में बौद्धों की ओर से बहुत-से प्रौढ़ ग्रन्थ लिखे गए जिनमें से कितने ही बौद्ध देशों में अनुवादित हो मौजूद रहे हैं, बल्कि अब भी वहाँ के विद्वान् उन्हें पढ़ते हैं। तिब्बत का थोड़ा-सा भी अपने शास्त्र को पढ़ा हुआ विद्वान् धर्मकीर्ति के इस श्लोक को जानता है—

वेद प्रामाण्यं कस्यचित् कर्तृवादः
स्नाने धर्मेच्छा जातिवादावलेपः।
संतापारम्भः पापहानाय चेति
ध्वस्तप्रज्ञानां पंच लिंगानि जाड्ये।[1]

1. प्रमाणवार्त्तिक 1/34 (1) वेद को प्रमाण मानना, (2) किसी (ईश्वर) को कर्ता कहना, (3 (गंगादि) स्नान से धर्म चाहना, (4) (छोटी-बड़ी) जाति की बात का अभिमान करना, (5) पाप नष्ट करने के लिए/ (उपवास आदि) करना—ये पाँच अकलमारे हुओं की जड़ता के चिह्न हैं।

किसी विद्वान् के सामने यदि कोई भारतीय घुमक्कड़ अपने को बुद्ध-प्रशंसक ही नहीं बौद्ध कहते हुए इन पाँचों बेवकूफियों में से किसी एक का समर्थन करने लगे, तो वहाँ का विद्वान् अवश्य मुस्करा देगा। बहुत-से हमारे भाई अपनी मनगढ़न्त धारणा के कारण समझ बैठते हैं कि बौद्ध भ्रम में हैं और उनकी अपनी धारणाएँ सही हैं। लेकिन उनको स्मरण रखना चाहिए कि बुद्ध की शिक्षा क्या थी, इसकी जानकारी के सारे साधन बौद्ध के पास हैं, इसकी सारी परम्पराएँ उनके पास हैं और बौद्धधर्म को उन्होंने जीवित रखा। हमारे यहाँ जब बौद्धधर्म के दस-बीस ग्रन्थ भी नहीं बच रहे, उस समय भी चीन और तिब्बत ने हमारे यहाँ से विलुप्त आठ-दस हजार ग्रन्थों को अनुवाद रूप में सुरक्षित रखा। इसलिए अपने अधिकार और विचार के रोब जमाने का खयाल छोड़कर यदि घुमक्कड़ थोड़ा-सा बौद्धधर्म के बारे में जान लेने की कोशिश करे, तो उपहासास्पद गलतियाँ करने से बच जाएगा, चाहे पीछे वह बौद्ध-दर्शन का खंडन भी करे।

हरेक गन्तव्य देश के सम्बन्ध में तैयारी भी अलग-अलग तरह की होगी। यह आवश्यक नहीं है कि एक-एक देश को देखकर घुमक्कड़ फिर भारत लौटकर तैयारी करे। जिसने यहाँ रहकर 20-21 वर्ष तक आवश्यक शिक्षा समाप्त कर ली और कॉलेज के पाठ्यक्रम तथा बाहर से घुमक्कड़ से सम्बन्ध रखने वाले विषयों की पुस्तकों को पढ़ लिया है, यदि वह छह साल लगा दे, तो सिंहल, बर्मा, स्याम, मलाया, सुमात्रा, जावा, बाली, कंबोज, चम्पा, तोङ् किन, चीन, जापान, कोरिया, मंगोलिया, चीनी, तुर्किस्तान और तिब्बत की यात्रा एक बार में पूर्ण कर भारत लौट आ सकता है और इतनी बड़ी यात्रा के फलस्वरूप हमारे देश को ज्ञानपूर्ण ग्रन्थ भी दे सकता है।

उपर्युक्त देशों में जिन साधनों की आवश्यकता है, वही साधन सभी देशों में काम नहीं आ सकते। रूस और पूर्वी यूरोप की जानकारी के साधनों का संचय तो होना ही चाहिए, साथ ही यदि घुमक्कड़ संस्कृत के भाषा-तत्त्व का ज्ञान रखता है, तो स्लाव-भाषाओं के महत्त्व को ही नहीं समझ सकता, बल्कि स्लाव जातियों के साथ आत्मीयता का भाव भी पैदा कर सकता है। किसी जाति का इतिहास जानने से ही आदमी उस जाति को समझ सकता है। जातियों के प्राग-ऐतिहासिक ज्ञान के लिए भाषा बड़ा महत्त्व रखती है।

इस्लामी देशों में घुमक्कड़ी करने वाले तरुणों को इस्लाम के धर्म और इतिहास का परिचय होना चाहिए। साथ ही, जहाँ अधिक रहना हो, वहाँ की भाषा का भी परिज्ञान होना जरूरी है। पश्चिमी एशिया और मध्य एशिया की मुस्लिम जातियों के साथ अधिक सुभीते से परिचय करने के लिए केवल तीन भाषाओं की आवश्यकता होगी—तुर्की, फारसी और अरबी। संस्कृत जानने वाले के लिए भाषा-तत्त्व की कुंजी के साथ फारसी बहुत सुगम हो जाती है।

भाषा-तत्त्व, पुरातत्त्व आदि बातों पर ध्यान आकृष्ट करने का यह अर्थ नहीं कि जब तक व्यक्ति इन विषयों पर अधिकार प्राप्त नहीं कर लेता, तब तक वह घुमक्कड़ बनने का अधिकारी नहीं। घुमक्कड़-शास्त्र सभी रुचि और क्षमता वाले भावी घुमक्कड़ों के लिए लिखा गया है, इसलिए इसमें अधिक-से-अधिक बातों का समावेश है जिसका यह अर्थ नहीं है कि आदि से इति तक सभी चीजें हरेक को जानकर ही घर से पैर निकालना चाहिए।

मृत्यु-दर्शन

घुमक्कड़ की दुनिया में भय का नाम नहीं है, फिर मृत्यु की बात कहना यहाँ अप्रासंगिक-सा मालूम होगा। तो भी मृत्यु एक रहस्य है, घुमक्कड़ को भी उसके बारे में कुछ अधिक जानने की इच्छा हो सकती है। आखिर घुमक्कड़ भी मनुष्य है और मनुष्य की निर्बलताएँ कभी-कभी उसके सामने भी आती हैं। मृत्यु अवश्यम्भावी है—"जातस्य ही ध्रुवो मृत्युः।" एक दिन जब मरना ही है, तो यही कहना है—

गृहित इव केशेष मृत्युना धर्ममाचरेत्।

मृत्यु की अनिवार्यता होने पर भी कभी-कभी आदमी को कल्पना होने लगती है—काश! यदि मृत्यु न होती। प्राणियों में, यद्यपि कहा जाता है, सबके ही लिए मृत्यु है, तो भी कुछ प्राणी मृत्युंजय हैं। ऐसे प्राणी अंडज, उष्मज और जरायुजों में नहीं मिलते। मनुष्य का शरीर अरबों छोटे-छोटे सेलों (जीवकोषों) से मिलकर बना है, किन्तु कोई-कोई प्राणी इतने छोटे हैं कि वह केवल एक सेल के होते हैं। ऐसे प्राणियों में जन्म और बुद्धि होती है, किन्तु जरा और मृत्यु नहीं होती। आमोयबा एक ऐसा ही प्राणी समुद्र में रहता है जो जरा और मृत्यु से परे है यदि वह अकालिक आघात से बचा रहे। आमोयबा का शरीर बढ़ते-बढ़ते एक सीमा तक पहुँचता है, फिर वह दो शरीरों में बँट जाता है। दोनों शरीर दो नये आमोयबों के रूप में बढ़ने लगते हैं। मनुष्य आमोयबा की तरह विभक्त होकर जीवन आरम्भ नहीं कर सकता, क्योंकि

वह एक सेल का प्राणी नहीं है। मीठे पानी में एक अस्थिरहित प्राणी प्लनारियन मिलता है जो आधा इंच से एक इंच तक लम्बा होता है। प्लनारियन में अस्थि नहीं है। अस्थि की उसी तरह ह्रास-वृद्धि नहीं हो सकती, जैसे कोमल मांस की। जब हम भोजन छोड़ देते हैं, तब भी अपने शरीर के मांस और चर्बी के बल पर दस-बारह दिन तक हिल-डुल सकते हैं। उस समय हमारा पहले की संचित मांस-चर्बी भोजन का काम देती है। प्लनारियन को जब भोजन नहीं मिलता, तो उसका सारा शरीर आवश्यकता के समय के लिए संचित भोजन-भंडार का काम देता है। आहार न मिलने पर अपने शरीर के भीतर से वह खर्च करने लगता है। उसके शरीर में हड्डी की तरह का कोई स्थायी ढाँचा नहीं है जो अपने को गलाकर न आहार का काम दे और उलटे जिसके लिए और भी अलग आहार की आवश्यकता हो। प्लनारियन आहार न मिलने के कारण अपने शरीर को खर्च करते हुए छोटा भी होने लगता है। छोटा होने के साथ-साथ उसका खर्च भी कम होता जाता है इस तरह वह तब तक मृत्यु से पराजित नहीं हो जाता जब तक कि महीनों के उपवास के बाद उसका शरीर उतना छोटा नहीं हो जाता जितना कि वह अंडे से निकलते वक्त था। साथ ही उस जन्तु में एक और विचित्रता है—आकार के छोटा होने के साथ वह अपनी तरुणाई से बाल्य की ओर—चेष्टा और स्फूर्ति दोनों में—लौटने लगता है। उपवास द्वारा खोई तरुणाई को पाने के लिए कितने ही लोग लालायित दीख पड़ते हैं और इस लालसा के कारण वह बच्चों की-सी बातों पर विश्वास करने के लिए तैयार हो जाते हैं। मनुष्य में प्लनारियन की तरह उपवास द्वारा तरुणाई पाने की क्षमता नहीं है। विद्वानों ने उपवास-चिकित्सा कराके बहुत बार प्लनारियन को बाल्य और प्रौढ़ावस्था के बीच में घुमाया है। जितने समय में आयु के क्षय होने से दूसरों की उन्नीस पीढ़ियाँ गुजर गईं, उतने समय में एक प्लनारियन उपवास द्वारा बाल्य और तरुणाई के बीच घूमता रहा। शायद बाहरी बाधाओं से रक्षा की जाए, तो उन्नीस क्या उन्नीस सौ पीढ़ियों तक प्लनारियन को उपवास द्वारा जरा और मृत्यु से रक्षित रखा जा सकता है। मनुष्य का यह भारी-भरकम स्थायी हड्डियों और अस्थायी मांस वाला शरीर ऐसा बना हुआ है कि उसे जराहीन नहीं बनाया जा सकता, इसीलिए मानव मृत्युंजय नहीं हो सकता।

मृत्युंजय की कल्पना गलत है, किन्तु सवा सौ-डेढ़ सौ साल जीने वाले आदमी

तो हमारे यहाँ भी देखे जाते हैं। बहुत-से प्रौढ़ या वृद्ध जरूर चाहेंगे कि अच्छा होता यदि हमारी आयु डेढ़ सौ साल की हो जाती। वह नहीं समझते कि डेढ़ सौ साल की आयु एकाध आदमी की होती तो दूसरी बात थी, किन्तु सारे देश में इतनी आयु होनी देश के लिए तो भारी आफत है। डेढ़ सौ साल की आयु का मतलब है—आठ पीढ़ियों तक जीवित रहना। अभी तक हमारे देश की औसत आयु तीस बरस या डेढ़ पीढ़ी है और हर साल पचास लाख मुँह हमारे देश में बढ़ते जा रहे हैं। यदि लोग आठ पीढ़ी तक जीते रहे, तब तो दो पीढ़ी के भीतर ही हमारे ही मैदानों और पहाड़ों में सभी जगह घर ही घर बन जाने पर भी लोगों के रहने के लिए जगह नहीं रह जाएगी, खाने-कमाने की भूमि की तो बात ही अलग है।

यदि इतनी पीढ़ियाँ इकट्ठी हो जाएँगी, तो अगली पीढ़ी के लिए जीना दूभर हो जाएगा। हम बीस वर्ष के तरुण-तरुणी की अपने चालीस साल के माता-पिता के साथ मुश्किल से निभते देखते हैं, दोनों के स्वभाव और रुचि में अन्तर मालूम होता है। चालीस वाले माता-पिता अपनी तरुण सन्तान की बेसमझी और उतावेलपन की शिकायत करते हैं और तरुण उन्हें समय से पिछड़ा मानते हैं। साठ वर्ष के दादा-दादी की तो बात ही मत पूछिए। पहली और तीसरी पीढ़ी का भारी अन्तर बहुत स्पष्ट दिखाई पड़ता है और वह इसलिए एक साथ गुजर कर लेते हैं कि साथ अधिक दिन का नहीं होता। तीसरी पीढ़ी में जो भारी परिवर्तन देखा जाता है, उसे आठवीं पीढ़ी से मिलाने पर पता लग जाएगा कि मनुष्य की ऐसी चिरजीविता अच्छी नहीं है। चौथी पीढ़ी को देखने के लिए बहुत कम बूढ़े-बूढ़ियाँ जीवित रहते हैं। तीसरी पीढ़ी को भी संसार सँभाले बहुत कम देख पाते हैं। एक वृद्ध को मैं जानता था, वह संस्कृत के धुरंधर विद्वान् और ब्राह्मणों के खटकर्म तथा छुआछूत के पक्षपाती थे। उन्होंने अपने पुत्र को भी संस्कृत पढ़ाया और अपनी सारी बातें सिखलाईं, किन्तु बाजार-भाव अच्छा होने के कारण अंग्रेजी भी पढ़ाई। अब वह एक बड़े कॉलेज में अध्यापक हैं। उनके पिता अब नहीं हैं, लेकिन यदि परलोक के झरोखे से वह कभी अपने पुत्र की रसोई की ओर झाँके जहाँ हिरण्यगर्भ (जिसके भीतर हिरण्य अर्थात् पीला पदार्थ है—अंडा) की अनन्य उपासना हो रही है तो क्या समझेंगे? और अभी तो यह पंडित जी की दूसरी पीढ़ी है। तीसरी पीढ़ी का चार-पाँच वर्ष का बच्चा हिरण्यगर्भ की उपासना के वातावरण में पैदा हुआ है। वह कहाँ

तक जाएगा, इसको कौन कह सकता है? एक दूसरे मेरे सौभाग्यशाली वृद्ध मित्र हैं जिन्होंने पुत्रों की चार पीढ़ियाँ देख ली हैं, पुत्रियों की शायद पाँच पीढ़ी भी हो गई हो। अस्सी वर्ष के ऊपर हैं। खैरियत यही है कि पैंतीस साल से उन्होंने संन्यास ले रखा है और घर पर कभी-ही-कभी जाते हैं। जब जाते हैं तो उनके वीतराग हृदय में कोफ्त हुए बिना रहती। वह गांधी-युग के पहले से ही हर चीज में सादगी पसन्द करते थे और धर्मभीरुता के लिए तो कहना ही क्या? कोई जीविकावृत्ति की आशा न होने पर भी उन्होंने अपने एक पुत्र को संस्कृत पढ़ाया। लेकिन पुत्र के बारे में मत पूछिए। आजकल के युग के अनुसार पौत्र बड़े सुशील और सदाचारी हैं, किन्तु दादा की दृष्टि से देखें तो उन्हें यही कहना पड़ता है—भगवान्! और अब यह सब अधिक न दिखलाओ। उनके घर से साबुन का खर्च बढ़ गया है, तेल-फुलेल का तो होना ही चाहिए; चप्पल और जूते की भी महिलाओं को अत्यन्त आवश्यकता है। और तीसरी पीढ़ी के साहबजादों का चाय बिना काम नहीं चलता। चाय भी पूरे सेट में होनी चाहिए और ट्रे में रखकर आनी चाहिए। वृद्ध मित्र कह रहे थे—"यह सब फिजूलखर्ची है, लेकिन इन्हें समझावे कौन?" और पौत्र कह रहा था—"रहने दीजिए आपके युग का भी हमें ज्ञान है जब एक या दो साड़ी में स्त्रियाँ जिन्दगी बिताती थीं। आज हमारी किसी स्त्री के ट्रंक को खोलकर देख लीजिए, बहुत अच्छी किस्म की आठ-आठ दस-दस साड़ियों से कम किसी के पास नहीं हैं।" वृद्ध की सूखी हड्डियाँ यह कहते हुए कुछ और गर्म हो उठीं—"यह तो और फिजूलखर्ची है।" तीसरी पीढ़ी ने कहा—"जो आपकी पीढ़ी के लिए फिजूलखर्ची थी, वह हमारे लिए आवश्यक है। आपकी न जाने कई दर्जन पीढ़ियों ने मांस का नाम सुनकर भी राम-राम कहा होगा और हमारी चाय ही ठीक नहीं जमती यदि हिरण्यगर्भ भगवान् तश्तरी में न पधारें।" वृद्ध दादा के लिए अब बात सुनने की सीमा के बाहर हो रही थी। उनके हटते ही मैं भी साथ देने चला गया। उनके हार्दिक खेद की बात क्या पूछते हैं? मैंने उनसे कहा—"आप भी अब पिछली शताब्दी के अन्त में आर्यसमाजी बने, तो सभी गाँव के लोगों ने नास्तिक कहना शुरू किया था। यदि छुआछूत को हटा दिये होते, तो निश्चय ही जात में ब्याह-शादी, हुक्का-पानी सब बन्द हो गया होता। आपने जो उस समय किया था, वही उस समय के लिए भारी क्रान्ति थी। आपने पत्नी को भी जनेऊ दिलवाया, दोनों बैठकर हवन-संध्या करते थे, लेकिन

इसे भी उस समय के सनातनी अच्छी दृष्टि से नहीं देखते थे। जाने दीजिए, जो जिसका जमाना है, वही उसकी जवाबदेही को सँभाले।"

स्त्रियों की बात लीजिए। मैं मेरठ की स्त्रियों के बारे में कहूँगा जिनका मुझे तीस वर्ष का ज्ञान है—तेईस-चौबीस वर्ष का तो बिलकुल प्रत्यक्ष ज्ञान। वर्तमान शताब्दी का जब पौ फटा, तो मेरठ के मध्यवर्ग में एक विचित्र प्रकार की खलबली मची हुई थी। कितने ही साक्षर और शिक्षित पुरुषों ने ऋषि दयानन्द की पाखंड-खंडनी ध्वजा हाथ में उठाई थी। सनातनी पंडितों ने व्यवस्था दी थी—

"स्त्री शूद्रौ नाधीयेताम्", अर्थात् स्त्रियों और शूद्रों को विद्या नहीं पढ़ानी चाहिए। स्वामी दयानन्द ने इसे पोप-लीला कहा था। पाखंड-खंडनी वाले भक्तों ने स्त्रियों को पढ़ाने का बीड़ा उठाया था। बीड़ा घर से ही आरम्भ हो सकता था। उस पीढ़ी का आग्रह आज की दृष्टि से कुछ भी नहीं था। वे स्त्रियों को अंग्रेजी पढ़ाने के विरोधी थे और चाहते थे कि उन्हें संध्या-गायत्री करने तथा चिट्ठी-पत्री लिखने-भर को आर्यभाषा (हिन्दी) आ जानी चाहिए। परम लक्ष्य इतना ही था कि हो सके तो गृहकार्य में निपुण होने के बाद स्त्रियाँ वेदशास्त्र की बातें भी कुछ जान लें। पहली पीढ़ी की, जो प्रथम विश्वयुद्ध के समय तैयार हुई थी, आर्य-ललनाओं ने अपने नवशिक्षित तरुण पतियों के संसर्ग से कुछ और भी आगे पढ़ना पसन्द किया, उनकी लड़कियों में कोई-कोई कॉलेज तक पहुँच गईं। इन लड़कियों ने गांधीजी के दो युद्धों में भी भाग लिया और आँगन से ही बाहर नहीं जेलों की भी हवा खा आईं। आज आर्य-ललनाओं की तीसरी पीढ़ी तैयार है और उनमें से बहुतेरी यूरोपीय ललनाओं से एक तल पर मुकाबला कर सकती हैं—अन्तर होगा तो केवल रंग और साड़ी का। आर्य ललनाओं की सासें यदि अब तक जीवित रहतीं, तो जरूर उन्हें आत्महत्या करनी पड़ती। बूढ़ी आर्य ललनाएँ कहीं एकाध बच पाई हैं, उनकी अवस्था हमारे मित्र वृद्ध स्वामी जी से कम दयनीय नहीं है। और अब तो जब कि वर्तमान पीढ़ी के तरुण-तरुणी ब्याह-शादी में वृद्धों के दखल को असह्य मानते, जात-पाँत और दूसरी बातों का खयाल ताक पर रखके मनमानी कर रहे हैं, तो आर्य ललनाओं की अवस्था क्या होगी, इसे कहने की आवश्यकता नहीं। हम समझते हैं, कम-से-कम और नहीं तो इन पुरानी पीढ़ियों को भयंकर साँसत से बचाने के लिए ही मृत्यु को न जाने पर बुलाकर लाने की जरूरत पड़ेगी।

वस्तुतः प्रथम श्रेणी का घुमक्कड़ वृद्धों के सठियाने का पक्षपाती नहीं हो सकता। वह यही कहेगा कि इन फोसीलों का स्थान जीवित मानव-समाज नहीं, बल्कि म्यूजियम है। यदि फोसीलों का युग होता तो घुमक्कड़-शास्त्र लिखने वाले के ऊपर क्या बीतती, इसे कहने की आवश्यकता नहीं। इन पंक्तियों का लेखक वृद्धों का शत्रु नहीं, हितैषी है। उनके हित का विचार करके ही वह समझता है कि समय बीत जाने के बाद उस चीज के लिए यही अच्छा है कि लोगों की दृष्टि से ओझल हो जाए।

मृत्यु को नाहक ही भय की वस्तु समझा। यदि जीवन में कोई अप्रिय वस्तु है, तो वह वस्तुतः मृत्यु नहीं है, मृत्यु का भय है। मृत्यु के हो जाने के बाद तो वह कोई विचारने की बात ही नहीं। मृत्यु जिस वक्त आती है, आम तौर से देखा जाता है कि मूर्च्छा उससे कुछ पहले ही पहुँच जाती है और मनुष्य मृत्यु के डरावने रूप को देख ही नहीं पाता; फिर भय और अप्रिय घटना का सवाल ही क्या हो सकता है? मृत्यु अपने रूप में तो कोई अप्रियता नहीं लाती। मृत्यु को दरअसल जिस तरह साधारण बातचीत में हम अप्रिय समझते हैं, वह ऐसी अप्रिय नहीं है। कितनी बार साधारण आदमी भी जीवन छोड़ मृत्यु को पसन्द करता है। कोई अपने सम्मान के लिए मृत्यु का आलिंगन करता है, कोई देश-समाज के लिए मृत्यु को स्वीकार करता है। खुदीराम बोस ने जब पहले-पहल देश की स्वतंत्रता के लिए तरुणों को सर्वस्व उत्सर्ग का रास्ता दिखलाते हुए मृत्यु को चुना, तो क्या आखिरी घड़ी तक कभी उस तरुण के हृदय में अफसोस या ग्लानि हुई? खुदीराम के बाद सैकड़ों तरुणों ने उसी पथ का अनुसरण किया। भगतसिंह के लिए क्या मृत्यु कोई चीज थी? खुदीराम और उनके नजदीकी वीरों को यह विश्वास करके भी सान्त्वना हो सकती थी कि वह गीता के अनुसार मरकर फिर जन्म लेंगे और फिर देश के लिए बलिदान होंगे; लेकिन भगतसिंह को तो ऐसा कोई विश्वास नहीं था। द्वितीय विश्वयुद्ध में रूस के लाखों तरुण-तरुणियों ने मृत्यु से परिहास किया। इससे साबित हो जाता है कि मृत्यु वैसी भयंकर चीज नहीं है, जैसा कि लोग समझते हैं। घुमक्कड़ तो इन लाखों पुरुषों में सबसे निर्भीक व्यक्तियों की श्रेणी में है; उसको क्यों मृत्यु की चिन्ता होने लगी?

मृत्यु के साथ ही आदमी को कीर्ति का खयाल आता है। जीवित अवस्था की कीर्ति को—जो मरने के बाद भी जीवित रहती है—कितने ही तो कीर्ति-कलेवर कहते

हैं, अर्थात् इसी भौतिक शरीर का वह आगे बढ़ा हुआ शरीर कीर्ति के रूप में है। कीर्ति का खयाल बुरा नहीं है क्योंकि इससे आदमी वैयक्तिक स्वार्थ से ऊपर उठता है, वह अपने वर्तमान के लाभ को तिलांजलि देता है। यह सब कुछ कीर्ति-लोभ के लिए करता है। कीर्ति-लोभ मनुष्य को बहुत-से सुकर्मों के लिए प्रेरित करता है। कई शताब्दियों तक खड़े रहने वाले अजन्ता, एलोरा, भाजा और कार्ले के गुह-प्रासाद, यद्यपि आज लोगों के रहने के काम नहीं आते, लेकिन शताब्दियों तक वह निवास-गृह की तरह इस्तेमाल होते रहे। यह लाभ कई पीढ़ियों को उनके निर्माताओं की कीर्ति-लिप्सा के कारण ही हो पाया। जब हम कला, वास्तुशास्त्र और सांस्कृतिक दृष्टिकोण से देखते हैं, तब तो कीर्ति-लोभ का महत्त्व और अधिक जान पड़ता है। यद्यपि कितनी ही अचल कीर्तियों के बारे में नाम अमर होने की बात भ्रम सिद्ध होती है जब कि हम कर्ता का नाम तक नहीं जानते। भारतवर्ष के कितने ही स्तम्भों, स्तूपों और गुहा-प्रासादों की यही बात है। सभी पर अशोक शिला-स्तम्भों की भाँति अभिलेख नहीं है और कितने को हम कल्पना से नाम देना चाहते हैं। हम साधारण आदमियों के इस भ्रम को हटाना नहीं चाहते कि ऐसे काम से उनका नाम अमर होगा। सन्तान के द्वारा अमर होने की धारणा लोगों के हृदयों में कितना बद्धमूल है जबकि यह सभी देखते हैं कि अपने परदादा का नाम विरले ही लोग जानते हैं।

पाषाण और धातु की बनी कीर्तियों से अमर होने की इच्छा सभी देशों में बहुत पुरानी है। अब भी वह धारणा उसी तरह चली आती है। हमारे कितने ही सेठ अजन्ता, एलोरा, भुवनेश्वर और कोणार्क की अचल कीर्तियों को देख अपना नाम अमर करने की इच्छा से कितने ही सीमेंट और ईंट के तड़क-भड़क वाले मन्दिर बनवाते हैं। कितने अपनी पुस्तकों के छप जाने से समझते हैं कि वह अश्वघोष और कालिदास हैं। आज की पुस्तक जिस कागज पर छपती है, वह इतना भंगुर है कि पुस्तक सौ बरस भी नहीं चल सकती। छापाखानों ने पुस्तकों का छपना जितना आसान कर दिया है, उसके कारण प्रति वर्ष हजारों नई पुस्तकें छप रही हैं। जिनकी संख्या शिक्षा-प्रचार के साथ प्रति शताब्दी लाखों हो जाएगी। हजार वर्ष बाद इन पुस्तकों की रक्षा के लिए जितने घरों की आवश्यकता होगी, उनका बनाना सम्भव नहीं होगा। सच तो यह है कि हर एक पीढ़ी का अगली पीढ़ी पर अपनी अमरता को लादना उसी तरह की अबुद्धिपूर्वक भावना है, जैसी हमारी दस पीढ़ियों के पूर्वजों

की यह आशा—कि हम उनके सारे नामों को याद रखेंगे—जो कि कुछ सम्भव भी है, यद्यपि बेकार है।

आज बीसवीं शताब्दी आधी बीत रही है। क्या आप आशा रखते हैं कि इन पचास वर्षों में जितने पुरुषों ने भिन्न-भिन्न क्षेत्रों में महत्त्वपूर्ण कार्य किया है, उनमें से दस भी 6949 ईसवी में अमर रहेंगे। गांधी जी, रवीन्द्र और रामानुजम् का नाम रह जाएगा, बाकी में यदि दो-तीन और आ जाएँ तो बहुत समझिए, लेकिन उनका नाम हम-आप बतला नहीं सकते। इतिहास का फैसला आँखों के सामने नहीं होता। वह उस समय होता है जबकि कोई सिफारिश नहीं पहुँचाई जा सकती। कभी-कभी तो फैसला बड़ा निष्ठुर होता है। संस्कृत के महान् कवियों और विचारकों में जो हमारे सामने मौजूद हैं, क्या उनसे बेहतर या उनके जैसे और नहीं रहे? गुणाढ्य की बृहत्कथा क्यों लुप्त हो गई? क्या उसके संस्कृत अनुवादों को देखने से पता नहीं लगता कि वह बड़ी उत्कृष्ट कृति रही होगी। बहुतों की महाकीर्तियाँ तो वर्ग-पक्षपात के कारण मिट गईं। क्या हमारे प्राचीन कवियों और लेखकों में सभी सामन्तों के गुण गाने वाले ही रहे होंगे। हजार में दस-पाँच ने अवश्य उनके दोषों को भी दिखलाया होगा और साधारण जनता के हित को सामने रखा होगा; लेकिन सामन्ती संरक्षकों ने ऐसी कृतियों को अपने पुस्तकालयों में रहने नहीं दिया, उनके अनुचर विद्वानों ने भी प्रश्रय नहीं दिया। आज हम युग-परिवर्तन के सन्धिकाल में हैं। पिछली शताब्दी और वर्तमान चौदह सालों में रूस में जिन्हें महाप्रतापी समझा जाता था, उनमें बहुत से हमारे सामने मर गए। चीन का इतिहास भी उसी तरह फिर से लिखा जा रहा है जिसमें अमर चाङ्-कैशक की क्या गत होगी, यह आप स्वयं समझ सकते हैं। भारत में भी कितने ही अमर होने के इच्छुक बहुत जल्द भुला दिये जाएँगे। कितने ही के मुँह के ऊपर इतिहास इतना काला पुचारा फेरेगा जिससे उनका मर जाना ही अच्छा होता।

घुमक्कड़ वीरों को वस्तुतः न अमरता का लोभ होना चाहिए, न हजारों बरस तक लम्बे कीर्ति-कलेवर की लिप्सा ही। इसका यह अर्थ नहीं कि उन्हें अकीर्ति की लिप्सा होनी चाहिए। उन्हें जनहित का कार्य करना है, समाज और विश्व को आगे चलाना है। यदि इन कामों में उनकी कुछ भी शक्ति सफल रही, तो वह अपने को कृतकृत्य समझेंगे। जिस तरह सरोवर में ढेला फेंकने पर लहर उठती है, फिर

वह एक लहर से दूसरी लहर को उठाती स्वयं विलीन हो जाती है, किन्तु लहरों का सिलसिला आगे बढ़ता जाता है, इसी तरह घुमक्कड़ मानव-हित के लिए लहर उठाता है जो अपने अन्तर्धान होने से पहले यदि दूसरी लहर उठा देती है, तो उसे उसकी सफलता कहनी चाहिए।

कोई-कोई आरम्भिक लहरें अधिक शक्तिशाली होती हैं और कोई कम शक्तिशाली। आदमी के कृतित्व का मूल उसकी उठाई लहरों की शक्तिशालिता है। निर्माण का विचार सबसे सुन्दर है। बिना अपने कलेवर को आगे बढ़ाए, अपने जीवित समय में विश्व को कुछ देना फिर सदा के लिए शून्य में विलीन हो जाना, यह कल्पना कितनों के लिए अनाकर्षक मालूम होगी। किन्तु कितने ही ऐसे भी विचारशील हो सकते हैं जो अपना काम करने के बाद बालू के पदचिह्नों की भाँति विलीन हो जाने के विचार से भयभीत नहीं, बल्कि प्रसन्न होंगे। आखिर काल पाँच-दस हजार बरस की अवधि नहीं रखता। यह हमारी घड़ी के सेकंड की सूई की तरह एक मिनट में अपना एक चक्कर पूरा करती है, एक जीवन के साठ बरसों में कितनी ही बार वह चक्कर काटेगी? काल की घड़ी की सूई तो कभी थम नहीं सकती। सेकंड मिलकर मिनट, मिनट मिलकर घंटा, फिर दिन, मास, वर्ष, शताब्दी, सहस्राब्दी, लक्षाब्दी, कोट्याब्दी, अरबाब्दी होती चली जाएगी। आज के सेकंड से अरबाब्दी तक यह काल अविच्छिन्न प्रवाह-सा चलता चला जाएगा। अमरत्व के भूखों को यदि इन सहस्राब्दियों में दौड़ने को छोड़ दिया जाए, तो किसी की कल्पना भी दस हजार बरस तक भी उसे अमरत्व नहीं दिला सकती, फिर अनवधिकाल में सदा अमर होने की कल्पना साहस-मात्र है। अन्त में तो किसी अवधि में जाकर बालू पर का चरणचिह्न बनना ही पड़ेगा। जब इस पृथ्वी पर जीवन का चिह्न नहीं रह जाएगा, तो अमरकीर्ति की क्या बात हो सकती है?

घुमक्कड़ मृत्यु से नहीं डरता। घुमक्कड़ सुकृत करना चाहता है, लेकिन किसी लोभ के वश में पड़कर नहीं। उसने यहाँ जन्म लिया है, उसका स्वभाव मजबूर करता है कि अपने आसपास को शक्ति-भर स्वच्छ और प्रसन्न रखे। वह केवल कर्तव्य और आत्म-तुष्टि के लिए महान् से महान् उत्सर्ग करने के लिए तैयार होता है। बस, यही होना चाहिए—घुमक्कड़-परिवार का महान् उद्देश्य।

लेखनी और तूलिका

मानव-मस्तिष्क में जितनी बौद्धिक क्षमताएँ होती हैं, उनके बारे में कितने ही लोग समझते हैं कि "ध्यानावस्थित तद्गत मन" से वह खुल जाती हैं। किन्तु, बात ऐसी नहीं है। मनुष्य के मन में जितनी कल्पनाएँ उठती हैं, यदि बाहरी दुनिया से कोई सम्बन्ध न हो, तो वह बिलकुल नहीं उठ सकती; वैसे ही, जैसे कि फिल्म-भरा कैमरा शटर खोले बिना कुछ नहीं कर सकता। जो आदमी अन्धा और बहरा है, वह गूँगा भी होता है। यदि वह बचपन से ही अपनी ज्ञानेन्द्रियों को खो चुका है, तो उसके मस्तिष्क की सारी क्षमता धरी रह जाती है और वह जीवन-भर काठ का उल्लू बना रहता है। बाहरी दुनिया के दर्शन और मनन से मन की क्षमता को प्रेरणा मिलती है। क्षमता का भी महत्त्व है, यह मैं मानता हूँ, किन्तु निरपेक्ष नहीं। हमारे महान् कवियों में अश्वघोष तो घुमक्कड़ थे ही। वह साकेत (अयोध्या) में पैदा हुए, पाटलिपुत्र उनका विद्याक्षेत्र रहा और अन्त में उन्होंने पुरुषपुर (पेशावर) को अपना कार्यक्षेत्र बनाया। कविकुलगुरु कालिदास भी बहुत घूमे हुए थे। भारत से बाहर चाहे वह न गए हों, किन्तु भारत के भीतर तो अवश्य वह बहुत दूर तक पर्यटन किये हुए थे। हिमालय को "उत्तर दिशा में देवात्मा नागाधिराज" उन्होंने किसी से सुनकर नहीं कहा। हिमालय को उनकी आँखों ने देखा था, इसीलिए उसकी महिमा को वह समझ पाए थे। "अमुंः पुरः पश्यसि देवदारुं पुत्रीकृतोऽसौ वृषभध्वजेन" में उन्होंने देवदार को शंकर का पुत्र मानकर दुनिया के उस सुन्दरतम वृक्ष की श्री की परख की। श्वेत

हिमाच्छादित हिमालय और सदाहरित तुंगशीर्ष देवदार प्राकृतिक सौन्दर्य के मानदंड हैं जिनको कालिदास घर में बैठे नहीं जान सकते थे। रघु की दिग्विजय-यात्रा के वर्णन में कालिदास ने जिन देशों के नाम दिये हैं, उनमें से कितने ही कालिदास के देखे हुए थे और जो देखे नहीं थे, उनका उन्होंने किसी तरह अच्छा परिज्ञान प्राप्त किया था। कालिदास की काव्य-प्रतिभा में उनके देशाटन का कम महत्त्व नहीं रहा होगा। बाण—जिसके बारे में कहा गया "बाणोच्छिष्टं जगत् सर्वं" और जिसकी कादम्बरी की समकक्षता आज तक किसी ग्रन्थ ने नहीं की—तो पूरा घुमक्कड़ था। कितने ही सालों तक नाना प्रकार के तीन दर्जन से अधिक कलाविदों को लिये वह भारत की परिक्रमा करता रहा। दंडी का अपने दशकुमारों की यात्राओं का वर्णन भी यही बतलाता है कि चाहे वह काँची में वल्लवराजसभा के रत्न रहे हों, किन्तु उन्होंने सारे भारत को देखा था। इस तरह और भी संस्कृत के कितने ही चोटी के कवियों के बारे में कहा जा सकता है। दार्शनिक तो अपने विद्यार्थी जीवन में भारत की प्रदक्षिणा करते रहते थे और उनमें कोई-कोई कुमारजीव, गुणवर्मा आदि की तरह देश-देशान्तरों का चक्कर लगाते थे।

पुरानी बातें शायद भूल गई हों, इसलिए अपने वर्तमान युग के महान् कवि को देख लीजिए। कवीन्द्र रवीन्द्र को केवल काव्यकर्ता, उपन्यासकार और नाट्य-रचयिता के रूप में ही तुम नहीं पाते। उन्होंने भारत की सांस्कृतिक और बौद्धिक देन का बहुत अच्छा मूल्यांकन किया था। पश्चिम की चकाचौंध से उनके पैर जमीन से नहीं उखड़े और न हमारे देश की रूढ़िवादिता ने उनको अकर्मण्य बनाने में सफलता पाई। भावी भारत के लिए कितनी ही बातों का कवीन्द्र ने मानदंड स्थापित किया। शान्तिनिकेतन में उस समय जो वातावरण उन्होंने तैयार किया था, वह समय से कुछ आगे अवश्य था, किन्तु हमारी सांस्कृतिक धारा से अविच्छिन्न था। उसके महत्त्व को हम अब समझ सकते हैं, जबकि दिल्ली राजधानी में तितलों और तितलियों का तूफान देखते हैं। कवीन्द्र ने साहित्यिक क्षेत्र में सारे भारत को स्थायी प्रेरणा दी जो चिरस्मरणीय रहेगी। लेकिन उनका महान् कार्य इतने ही तक सीमित न था। उन्होंने चित्रकला, मूर्तिकला, गीत, नृत्य, वाद्य, अभिनय को न भुला उन्हें भी उचित स्थान पर बैठाया। उनके पास साधन कम थे। संस्थाएँ केवल उच्चादर्श के बल पर ही आगे नहीं बढ़ सकतीं, यद्यपि वह उनकी सफलता के लिए अत्यन्त आवश्यक है।

तो भी कवीन्द्र जो भी साधन जुटा पाते थे, जो भी धन भारत या बाहर से एकत्रित कर पाते थे, उनसे वह नवीन भारत के सर्वांगीण निर्माण की योजना तैयार करने की कोशिश करते थे। शान्तिनिकेतन भारतीय विद्या, भारतीय संस्कृति और भारतीय तत्त्वज्ञान के अध्ययन को भी वह भूले नहीं। बृहत्तर भारत पर तो शान्तिनिकेतन में जितनी अच्छी और प्रचुर परिमाण में पुस्तकें हैं, वैसी भारत में अन्यत्र कम मिलेंगी। लेकिन रवीन्द्र यह भी जानते थे कि केवल साहित्य, संगीत और कला से भूखे-नंगे भारत को भोजन-वस्त्र नहीं दिया जा सकता। उन्होंने कृषि और उद्योग-धंधे के विकास की शिक्षा के लिए श्रीनिकेतन स्थापित किया। यह सब काम रवीन्द्र ने तब आरम्भ किया जबकि भारत के कितने ही बुद्धि-विद्या के ठेकेदार मजे से अंग्रेजों के कृपापात्र रहे, जीवन का आनन्द लेते, ऐसी कल्पनाओं को व्यर्थ का स्वप्न समझते थे। आश्चर्य तो यह है कि आज हमारे कितने ही राष्ट्रीय नेता अंग्रेजों के इन पिट्ठुओं का स्मारक स्थापित करके कृतज्ञता प्रकट करना चाहते हैं। उसी प्रयाग में चन्द्रशेखर आजाद के नहीं, सप्रू के स्मारक की अपील निकाली जा रही है।

रवीन्द्र हमारे देश के महान् कवि ही नहीं थे, बल्कि उन्होंने युग-प्रवर्तन में क्रियात्मक भाग लिया। रवीन्द्र की प्रतिभा इतने व्यापक क्षेत्र में कभी सचेष्ट न होती यदि उन्होंने आंशिक रूप में घुमक्कड़ी पथ स्वीकार न किया होता। उनकी कृतियों में देश-दर्शन ने कितनी सहायता की, इसे आँकना मुश्किल है, किन्तु रवीन्द्र ने विशाल विश्व को आत्मीय के तौर पर देखा था। किसी को देखकर कहीं उन्हें चकाचौंध नहीं आई, न किसी को हीन देखकर अवहेलना का भाव आया। यहाँ अवश्य रवीन्द्र का विशाल भ्रमण सहायक हुआ। रवीन्द्र की लेखनी में घुमक्कड़ी ने सहायता की, इसे हमें मानना पड़ेगा। और,उसी ने उन्हें अपनी महती संस्था को विश्वभारती बनाने की प्रेरणा दी।

सुन्दर काव्य, महाकाव्य की रचना में घुमक्कड़ी से बहुत प्रेरणा मिल सकती है। उसमें ऐसे पात्र और घटनाएँ मिल सकती हैं जिन पर हमारे घुमक्कड़ कवि महाकाव्य रच सकते हैं। चौथी शताब्दी का अन्त था जबकि महाकवि कालिदास, चन्द्रगुप्त विक्रमादित्य के शासन में अपनी प्रतिभा का चमत्कार दिखा रहे थे। उसी समय कश्मीर के एक विद्वान् भिक्षु सुन्दरियों की खान तुषार (चीनी तुर्किस्तान के उत्तरी भाग) देश की नगरी कूचान (कूचा) में राजा-प्रजा से सम्मानित हो विहार कर

रहे थे। कश्मीर उस समय और भी अधिक सौन्दर्य का धनी था और कूचान में तो मानो मानवियाँ नहीं अप्सराएँ रहा करती थीं—सभी महाश्वेताएँ, सभी नीलाक्षियाँ, सभी पिंगलकेशाएँ और सभी अपने आनन से चन्द्र को लजाने वाली। कश्मीरी भिक्षु ने त्रैलोक्य-सुन्दरी राजकुमारी को अपना हृदय दे डाला। कूचान में मुक्त वातावरण था; लोग बौद्धधर्म में भी अपार श्रद्धा रखते और जीवन-रस के आस्वादन में भी पीछे नहीं रहना चाहते थे। दोनों के प्रणय का परिणाम एक सुन्दर बालक हुआ जिसे दुनिया कुमारजीव के नाम से जानती है। कुमारजीव ने पितृभूमि कश्मीर में रहकर शास्त्रों का अध्ययन किया, फिर मातुल-राजधानी में अपनी विद्या के प्रताप से सत्कृत और पूजित हुए। उनकी कीर्ति चीन तक पहुँची। सम्राट् के माँगने पर इनकार करने के कारण चीनी सेना ने आक्रमण किया और अन्त में कुमारजीव को साथ ले गई। 401 ई. से 412 ई. के बारह सालों में चीन में रहकर कुमारजीव ने बहुत-से संस्कृत ग्रन्थों का चीनी भाषा में अनुवाद किया जिनमें बहुत-से संस्कृत में लुप्त हो आज भी चीनी में मौजूद हैं। कुमारजीव अपनी साहित्यिक भाषा के लिए चीन के साहित्यकारों में सर्वप्रथम स्थान रखते हैं। कुमारजीव की जीवनी यहाँ लिखना अभिप्रेत नहीं है, बल्कि हमें यह दिखलाना है कि एक कवि-प्रतिभा कुमारजीव को लेकर सभी रसों से पूर्ण और भारत और बृहत्तर भारत की महिमा से ओतप्रोत एक महाकाव्य लिख सकती है। महान् घुमक्कड़ गुणवर्मा (431 ई.) भी एक महाकाव्य के नायक हो सकते हैं। कम्बोज में जाकर भारतीय संस्कृति और वैदिक धर्म की ध्वजा फहराने वाले माथुर दिवाकर भट्ट का जीवन भी किसी कवि को एक महाकाव्य लिखने की प्रेरणा दे सकता है। इसलिए यह अत्युक्ति नहीं होगी यदि हम कहें कि घुमक्कड़ की चर्या सरस्वती के आवाहन में भारी सहायक हो सकती है।

हमारा घुमक्कड़ जावा के महाद्वीप में अब भी बच रही अपनी अनेक सांस्कृतिक निधियों से प्रेरणा लेकर बरोबुदुर पर एक सुन्दर काव्य लिख सकता है तथा 'अर्जुन-विवाह', 'कृष्णायन', 'भारत-युद्ध', 'स्मरदहन जैसे हिन्दू जावा के सुन्दर काव्यों को काव्यमय अनुवाद में हमारे सामने रख सकता है। यदि कविता के लिए चित्र-विचित्र प्राकृतिक दृश्य प्रेरक होते हैं, यदि कविता में उदात्त अद्‌भुत घटनाएँ प्राण डालती हैं, यदि अपनी चारों तरफ फैले विशाल कीर्तिशेष कवि को उल्लसित कर सकते हैं, तो हमारी यह आशा असम्भव कल्पना नहीं है कि हमारे

तरुण घुमक्कड़ की काव्य-प्रतिभा अपनी घुमक्कड़ी के कितने ही दृश्यों से प्रभावित हो वाल्मीकि के कंठ की तरह फूट निकलेगी।

लेखनी का कोमल पदावली से अन्यत्र भी भारी उपयोग हो सकता है। हमारे क्या दूसरे देशों के भी प्राचीन साहित्य में गद्य को वह महत्त्वपूर्ण स्थान नहीं प्राप्त था जो आज उसे प्राप्त हुआ है। उच्च श्रेणी के घुमक्कड़ के लिए लेखनी का धनी होना बहुत जरूरी है। बँधी हुई लेखनी को खोलने का काम यदि घुमक्कड़ी नहीं कर सकता, तो कोई दूसरा नहीं कर सकता। घुमक्कड़ देश-विदेश में घूमता हुआ चित्र-विचित्र दृश्यों को देखता है, भिन्न-भिन्न रूप-रंग तथा आचार-विचार के लोगों के सम्पर्क में आता है। जिन दृश्यों को देखकर उसके हृदय में कौतूहल, आकर्षण और तृप्ति पैदा होती है, उसके लिए स्वाभाविक है कि उनके बारे में दूसरों से कहे। इसके लिए घुमक्कड़ का हाथ स्वत: लेखनी को उठा लेता है, लेखनी मानो स्वयं चलने लगती है। उसे मानसिक कल्पना द्वारा नई सृष्टि की आवश्यकता नहीं। दृश्यों, व्यक्तियों और घटनाओं को जैसे ही देखता है, वैसे ही वह हृदयस्थ होने लगती हैं और फिर लेखनी अपने आप उन्हें वर्णों में अंकित करने लगती है। घुमक्कड़ को अपनी यात्रा किस रूप में लिखनी चाहिए, इसके लिए नियम निर्धारित नहीं किया जा सकता। उसे वास्तविकता को सामने रखते हुए जिस शैली में इच्छा हो, लिपिबद्ध कर देना चाहिए। आरम्भ में अभी-अभी लिखने का प्रयास करने वाले के लिए यह भी अच्छा होगा यदि वह अपने किसी देशबन्धु को पत्ररूप में आँखों के सामने आते दृश्यों को अंकित करे। लेखक की प्रतिभा के उद्‌जागरण के लिए पत्र प्रारम्भ में बड़े सहायक होते हैं। कितने ही भावी लेखकों को उनके पत्रों द्वारा पकड़ा जा सकता है। पत्र दो व्यक्तियों के आपसी साक्षात् सम्बन्ध की पृष्ठभूमि में एक-दूसरे के लिए आकर्षक या आवश्यक बातों को लेकर लिखे जाते हैं। यदि लेखक में प्रतिभा है, तो उसका चमत्कार लेखनी से जरूर उतरेगा। लेकिन, यह कोई आवश्यक नहीं है कि यात्रा-सम्बन्धी लेखपत्रों के रूप में ही आरम्भ किये जाएँ। घुमक्कड़ आरम्भ से ही यात्रा-विवरण के रूप में लेखनी चला सकता है। लिखने के ढंग के बारे में चिन्ता करने की आवश्यकता नहीं। अच्छे लेखक भी अपने पहले के लेखकों से प्रभावित जरूर होते हैं, किन्तु बिना ही उनके प्रयास अपनी निजी शैली भी बन जाती है।

यात्रा-वर्णन स्वयं एक उच्च साहित्य का रूप ले सकता है, यह कितने ही लेखकों के वर्णन से समझ में आ सकता है। जो सतत घुमक्कड़ है और नये-नये देशों में घूमता रहता है, उसके लिए तो यात्राएँ ही इतनी सामग्री दे सकती हैं जिस पर लिखने के लिए सारा जीवन पर्याप्त नहीं हो सकता। लेकिन यात्राओं के लेखक दूसरी वस्तुओं के लिखने में भी कृतकार्य हो सकते हैं। यात्रा में तो कहानियाँ बीच में ऐसे ही आती रहती हैं जिनके स्वाभाविक वर्णन से घुमक्कड़ कहानी लिखने की कला और शैली को हस्तगत कर सकता है। यात्रा में चाहे प्रथम पुरुष में लिखें या अन्य पुरुष में, घुमक्कड़ तो उसमें शामिल ही है, इसलिए घुमक्कड़ उपन्यास की ओर भी बढ़ने की अपनी क्षमता को पहचान सकता है और पहले के लेखन का अभ्यास इसमें सहायक हो सकता है।

ऐतिहासिक उपन्यासों में ऐतिहासिक घटनाओं और पात्रों के साथ-साथ भौगोलिक पृष्ठभूमि का ज्ञान अत्यावश्यक है। घुमक्कड़ का अपना विषय होने से वह कभी भौगोलिक अनौचित्य को अपनी कृतियों में आने नहीं देगा। फिर बृहत्तर भारत के भारत-सम्बन्धी उपन्यास लिखने में तो घुमक्कड़ को छोड़कर किसी को अधिकार नहीं है। कुमारजीव, गुणवर्मा, दिवाकर, शान्तिरक्षित, दीपंकर, श्रीज्ञान, शाक्य श्रीभद्र की जीवनियों की चारों तरफ हम उस समय के बृहत्तर भारत का सजीव चित्र उतार सकते हैं। हाँ, उसके लिए घुमक्कड़ को जहाँ-तहाँ ठहरकर सामग्री जमा करनी पड़ेगी। चूँकि हमारे पुराने घुमक्कड़ दूर-दूर देशों में चक्कर काटते रहे, इसलिए घुमक्कड़ को सामग्री एकत्रित करने के लिए दूर-दूर तक घूमना पड़ेगा। इतिहास का ज्ञान हरेक सभ्य जाति के लिए अत्यावश्यक है। लेकिन जो इतिहास केवल राजा-रानियों तक ही अपने को सीमित रखता है, वह एकांगी होता है, उससे हमें उस समय के सारे समाज का परिचय नहीं मिलता। ऐतिहासिक उपन्यास सर्वांगीण इतिहास को सजीव बनाकर रखते हैं। जो ऐतिहासिक उपन्यासकार अपने उत्तरदायित्व को समझता है, वह कभी ऐतिहासिक या भौगोलिक अनौचित्य अपनी कृति में नहीं आने देगा। हमारे घुमक्कड़ के लिए यहाँ कितना बड़ा क्षेत्र है, इसे कहने की आवश्यकता नहीं है।

घुमक्कड़ को अपनी लेखनी चलाते समय बड़ा संयम रखने की आवश्यकता है। रोचक बनाने के लिए कितनी बार यात्रा-लेखक अतिरंजन और अतिशयोक्ति

से ही काम नहीं लेते, बल्कि कितनी ही असम्भव और असंगत बातें रहस्यवादी के नाम से लिख डालते हैं। उच्च घुमक्कड़ों के दुनिया में आने के पहले जो भूगोल-ज्ञान लोगों के पास था, वह मिथ्या विश्वासों से भरा था। लोग समझते थे, किसी जगह एकटँगा लोगों का देश है, वहाँ सभी लोग एक टाँग के होते हैं। कहीं बड़े कान वालों का देश माना जाता था जिन्हें ओढ़ना-बिछौना की आवश्यकता नहीं, वह एक कान को बिछा लेते और दूसरे को ओढ़ लेते हैं। इसी तरह नाना प्रकार की मिथ्या कथाएँ प्राग्-घुमक्कड़-कालीन दुनिया में प्रसिद्ध थीं। घुमक्कड़ों ने सूर्य की भाँति उदय होकर इस सारे तिमिर-तोम को छिन्न-भिन्न किया। यदि आज घुमक्कड़ अपनी दायित्वहीनता का परिचय देते नाना बहानों से मिथ्या विश्वासों को प्रोत्साहन देते हैं, तो वह अपने कुलधर्म के विरुद्ध जाते हैं। कावागूची ने अपने 'तिब्बत में तीन वर्ष' ग्रन्थ में कई जगह अतिरंजन से काम लिया है। मैं समझता हूँ, यदि उनकी पुस्तक किसी अंग्रेजी या अमेरिकन प्रकाशक के लिए लिखी गई होती, तो उसमें और भी ऐसी बातें भरी जातीं। आज प्रेस और प्रकाशन करोड़पतियों के हाथ में चले गए हैं। इंग्लैंड और अमेरिका में तो उन्हीं का राज्य है। भारत में भी अब वही होता जा रहा है। यह करोड़पति प्रकाशक लोगों को प्रकाश में नहीं लाना चाहते; वह चाहते हैं कि वह और अँधेरे में रहें, इसीलिए वह लोगों को हर तरह से बेवकूफ रखने की कोशिश करते हैं। मुझे अपना तजर्बा याद आता है—लंदन के बहुप्रचलित 'डेलीमेल' (पत्र) के संवाददाता ने मेरी तिब्बत-यात्रा के बारे में लिखते हुए बिलकुल अपने मन से भी लिख डाला—"यह तिब्बत के बीहड़ जंगलों में घूम रहे थे, उसी वक्त डाकुओं ने आकर घेर लिया। वह तलवार चलाना ही चाहते थे कि भीतर से एक बाघ दहाड़ते हुए निकला। डाकू प्राण लेकर भाग गए।" पत्र के ऑफिस से जब यह बात मेरे पास भेजी गई, तो मैंने झूठी असम्भव बातों को काट दिया और बतलाया कि तिब्बत में न वैसा जंगल है। और न वहाँ बाघ ही होते हैं। लेकिन अगले दिन देखा, दूसरी पंक्तियों में कुछ कम भले ही हो गई थीं, किन्तु काटी हुई पंक्तियाँ वहाँ मौजूद थीं। 'डेलीमेल' वाले एक ही ढेले से दो चिड़ियाँ मार रहे थे। मुझे वह ढोंगी और झूठा साबित करना चाहते थे और अपने 14-15 लाख ग्राहकों में से काफी को ऐसे चमत्कार की बात सुनाकर हर तरह के मिथ्या विश्वासों पर दृढ़ करना चाहते थे। जनता जितना अन्धविश्वास की शिकार रहे, उतना ही तो इन जोंकों को लाभ

है। इससे यह भी मालूम हो गया कि इस तरह के चमत्कारों को भी ग्रन्थ में भरने का प्रोत्साहन प्रकाशकों की ओर से दिया जाता है। उसी समय हमारे देश के एक स्वामी लंदन में विराज रहे थे। उन्होंने कुछ अपने और कुछ अपने गुरु के सम्बन्ध से हिमालय, मानसरोवर और कैलाश के नाम से ऐसी-ऐसी बातें लिखी थीं जिनको यदि सच मान लिया जाए, तो दुनिया की कोई चीज असम्भव नहीं रहेगी। घुमक्कड़ों को अपनी जिम्मेदारी समझनी चाहिए और कभी झूठी बातों और मिथ्या विश्वास को अपनी लेखनी से प्रोत्साहन देकर पाठकों को अंधकूप में नहीं गिराना चाहिए।

लेखनी का घुमक्कड़ी से कितना सम्बन्ध है, कितनी सहायता वहाँ से लेखनी को मिल सकती है, इसका दिग्दर्शन हमने ऊपर करा दिया। लेखनी की भाँति ही तूलिका और छिन्नी भी घुमक्कड़ी के सम्पर्क से चमक उठती है। तूलिका को घुमक्कड़ी कितना चमका सकती है, इसका एक उदाहरण रूसी चित्रकार निकोलस रोयरिक थे। हिमालय हमारा है, यह कहकर भारतीय गर्व करते हैं, लेकिन इस देवात्मा नगाधिराज के रूप को अंकित करने में रोयरिक की तूलिका ने जितनी सफलता पाई, उसका शतांश भी किसी ने नहीं कर दिखाया। रोयरिक की तलिका रूस में बैठे इस चमत्कार को नहीं दिखला सकती थी। यह वर्षों की घुमक्कड़चर्या थी जिसने रोयरिक को इस तरह सफल बनाया। रूस के एक दूसरे चित्रकार ने पिछली शताब्दी में 'जनता में ईसा' नामक एक चित्र बनाने में 25 साल लगा दिये। वह चित्र अद्‌भुत है। साधारण बुद्धि का आदमी भी उसके सामने खड़ा होने पर अनुभव करने लगता है कि वह किसी अद्वितीय कृति के सामने खड़ा है। इस चित्र के बनाने के लिए चित्रकार ने कई साल ईसा की जन्मभूमि फिलिस्तीन में बिताए। वहाँ के दृश्यों तथा व्यक्तियों के नाना प्रकार के रेखाचित्र और वर्णचित्र बनाए और अन्त में उन सबको मिलाकर इस महान् चित्र का उसने निर्माण किया। यह भी तूलिका और घुमक्कड़ी के सुन्दर सम्बन्ध को बतलाता है।

छिन्नी क्या, वास्तुकला के सभी अंगों में घुमक्कड़ी का प्रभाव देखा जाता है। कलाकार की छिन्नी एक देश से दूसरे देश में, यहाँ तक कि एक द्वीप से दूसरे द्वीप में छलाँग मारती रही है। हमारे देश की गंधार कला क्या है—ऐसी ही घुमक्कड़ी और छिन्नी के सुन्दर सम्बन्ध का परिणाम है। जावा के बरोबुदुर, कंबोज के अङ्कोरवात और तुङ्ह्वान की सहस्त्र बुद्ध-गुफाओं का निर्माण करने वाली छिन्नियाँ उसी स्थान

में नहीं बनीं, बल्कि दूर-दूर से चलकर वहाँ पहुँची थीं जहाँ घुमक्कड़ी के प्रभाव ने मूलस्थान की कला का निर्जीव नमूना न रख उसे और चमका दिया। आज भी हमारा घुमक्कड़ अपनी छिन्नी लेकर विश्व में कहीं भी निर्बाध घूम सकता है।

घुमक्कड़ी लेखक और कलाकार के लिए धर्म-विजय का प्रयाण है। वह कला-विजय का प्रयाण है और साहित्य-विजय का भी। वस्तुतः घुमक्कड़ी को साधारण बात नहीं समझनी चाहिए, यह सत्य की खोज के लिए , कला के निर्माण के लिए , सद्भावनाओं के प्रसार के लिए महान दिग्विजय है।

निरुद्देश्य

निरुद्देश्य का अर्थ है उद्देश्यरहित, अर्थात् बिना प्रयोजन का। प्रयोजन बिना तो कोई मंदबुद्धि भी काम नहीं करता। इसलिए कोई समझदार घुमक्कड़ यदि निरुद्देश्य ही बीहड़ पथ को पकड़े, तो यह विचित्र-सी बात है। निरुद्देश्य बंगला में 'घर से गुम हो जाने' को कहते हैं। यह बात कितने ही घुमक्कड़ों पर लागू हो सकती है जिन्होंने कि एक बार घर छोड़ने के बाद फिर उधर मुँह नहीं किया। लेकिन घुमक्कड़ों के लिए जो साधन और कर्तव्य इस शास्त्र में लिखे गए हैं, उन्हें देखकर कितने ही घुमक्कड़ कह उठेंगे हमें उनकी आवश्यकता नहीं, क्योंकि हमारी यात्रा का कोई महान् या लघु उद्देश्य नहीं। बहुत पूछने पर वह तुलसीदास की पाँती 'स्वांत: सुखाय' कह देंगे। लेकिन 'स्वांत: सुखाय' कहकर भी तुलसीदास ने जो महती कृति संसार के लिए छोड़ी, क्या वह निरुद्देश्यता की द्योतक है? खैर, 'स्वांत: सुखाय' कह लीजिए, आप जो करेंगे वह बुरा काम तो नहीं होगा। आप बहुजन के अकल्याण का तो कोई काम नहीं करेंगे? ऐसा कोई सम्भ्रान्त घुमक्कड़ नहीं होगा जो कि दूसरों को दुख और पीड़ा देने वाला काम करेगा। हो सकता है, कोई आलस्य के कारण लेखनी, तूलिका या छिन्नी नहीं छूना चाहता, लेकिन इस तरह के स्थायी आत्मप्रकाश के बिना भी आदमी आत्मप्रकाश कर सकता है। हर एक आदमी अपने साथ एक वातावरण लेकर घूमता है जिसके पास आने वाले अवश्य उससे प्रभावित होते हैं।

घुमक्कड़ यदि मौन रहने का व्रत धारण कर ले, तो वह अधिक सफलता से आत्म-गोपन कर सकता है। किन्तु ऐसा घुमक्कड़ देश की सीमा से बाहर जाने की हिम्मत नहीं कर सकता। फिर, ऐसा क्या संकट पड़ा है कि सारे भुवन में विचरण करने वाला व्यक्ति अपनी जीभ कटा ले। केवल बोलने वाला घुमक्कड़ दूसरे का कम लाभ नहीं करता। बोलने और लिखने दोनों ही से काल और देश दोनों में अधिक आदमी लाभ उठा सकते हैं, लेकिन अकेली वाणी भी कम महत्त्व नहीं रखती। इस शताब्दी के आरम्भ में काशी के सर्वश्रेष्ठ विद्वान् पंडित शिवकुमार शास्त्री अपने समय के ही नहीं, वर्तमान अर्द्ध-शताब्दी के सर्वश्रेष्ठ संस्कृतज्ञ थे। वह शास्त्रार्थ में अद्वितीय तथा सफल अध्यापक थे, किन्तु लेखनी के या तो आलसी थे या दुर्बल; अथवा दोनों ही। उन्होंने एक पुस्तक पहले लिखी जबकि उनकी ख्याति नहीं हुई थी। ख्याति के बाद एक पुस्तक लिखी, किन्तु उसे अपने शिष्य के नाम से छपवाया। प्रतिद्वंद्वी दोष निकालेंगे, इसीलिए वह कुछ भी लिखने से हिचकिचाते थे। उस समय के दोष निकालने वाले संस्कृतज्ञ कुछ निम्न तल में चले गए थे, इसमें सन्देह नहीं। भट्टोजी दीक्षित ने शाहजहाँ के समय सत्रहवीं सदी के पूर्वार्द्ध में 'सिद्धान्त कौमुदी' नाम की प्रसिद्ध पुस्तक लिखी साथ ही व्याकरण के कितने तत्त्वों की व्याख्या करते हुए 'मनोरमा' नामक ग्रन्थ भी लिखा। शाहजहाँ के दरबारी पंडित पंडितराज जगन्नाथ विचारों में कितने उदार थे, यह इसी से मालूम होगा कि उन्होंने स्वधर्म पर आरूढ़ रहते एक मुसलमान स्त्री से ब्याह किया। उनकी सारे शास्त्रों में गति थी और वह वस्तुतः पंडितराज ही नहीं, बल्कि संस्कृत के अन्तिम महान् कवि थे। लेकिन भट्टोजी दीक्षित की भूल दिखलाने के लिए उन्होंने बहुत निम्न तल पर उतर कर मनोरमा के विरुद्ध 'मनोरमाकुचमर्दन' लिखा। बेचारे शिवकुमार 'दूध का जला छाछ फूँक-फूँक कर पिये' की कहावत के मारे यदि लेखनी नहीं चला सके, तो उन्हें दोषी ठहराया जा सकता। लेकिन दो पीढ़ियों तक पढ़ाते संस्कृत के सैकड़ों चोटी के विद्वानों को पढ़ाकर क्या उन्होंने अपनी विद्वत्ता से कम लाभ पहुँचाया? कौन कह सकता है, वह ऋषि-ऋण से उऋण हुए बिना चले गए। इसलिए यह समझना गलत है कि घुमक्कड़ यदि अपनी यात्रा निरुद्देश्य करता है, तो वह ठोस पदार्थ के रूप में अपनी कृति नहीं छोड़ जाएगा।

भूतकाल में हमारे बहुत-से ऐसे घुमक्कड़ हुए जिन्होंने कोई लेख या पुस्तक नहीं छोड़ी। बहुत भारी संख्या को संसार जान भी नहीं सका। एक रूसी महान् चित्रकार ने तीन सवारों का चित्र उतारा है। किसी दुर्गम निर्जन देश में चार तरुण सवार जा रहे थे जिनमें से एक यात्रा की बलि हो गया। बाकी तीन सवार बहुत दिनों बाद बुढ़ापे के समीप पहुँचकर लौट रहे थे। रास्ते में अपने प्रथम साथी और उसके घोड़े की सफेद खोपड़ियाँ दिखाई पड़ीं। तीनों सवारों और घोड़े के चेहरे में करुणा की अतिवृष्टि कराने में चित्रकार ने कमाल कर दिया है। इस चित्र को उस समय तक मैंने नहीं देखा था, जबकि 1930 में सम्-ये के विहार में अपने से बारह शताब्दी पहले हिमालय के दुर्गम मार्ग को पार करके तिब्बत गए नालन्दा के महान् आचार्य शान्तरक्षित की खोपड़ी देखी, तो मेरे हृदय की अवस्था बहुत ही करुण हो उठी थी। कुछ मिनटों तक मैं उस खोपड़ी को एकटक देखता रहा जिसमें से 'तत्त्व-संग्रह' जैसा महान् दार्शनिक ग्रन्थ निकला और जिसमें पचहत्तर वर्ष की उमर में भी हिमालय पार करके तिब्बत जाने की हिम्मत थी। परन्तु शान्तरक्षित गुमनाम नहीं मरे। उन्होंने स्वयं अपनी यात्रा नहीं लिखी, लेकिन दूसरों ने महान् आचार्य बोधिसत्व के बारे में काफी लिखा है।

ऐसी भी खोपड़ियों का निराकार रूप में साक्षात्कार हुआ है जो दुनिया घूमते-घूमते गुमनाम ही चली गईं। निजनीनवोग्राद में गए उस भारतीय घुमक्कड़ के बारे में किसी को पता नहीं कि वह कौन था, किस शताब्दी में गया था, न यही मालूम कि वह कहाँ पैदा हुआ था और कैसे-कैसे चक्कर काटता रहा। यह सारी बातें उसी के साथ चली गईं। वर्तमान शताब्दी के आरम्भ में एक रूसी उपन्यासकार को निजनीनवोग्राद की भौगोलिक और सामाजिक पृष्ठभूमि के लिए एक उपन्यास लिखने की इच्छा हुई। उसी ने वहाँ एक गुप्त सम्प्रदाय का पता लगाया जो बाहर से अपने को ईसाई कहता था, लेकिन लोग उस पर विश्वास नहीं करते थे। उपन्यासकार ने उनके भीतर घुसकर पूजा के समय गाये जाने वाले कुछ गीत जमा किये। वह गीत यद्यपि कई पीढ़ियों से भाषा से अपरिचित लोगों द्वारा गाए जाते थे, इसलिए भाषा बहुत विकृत हो चुकी थी, तो भी इसमें कोई सन्देह की गुंजाइश नहीं कि वह हिन्दी भाषा के गीत थे और उनमें गौरी तथा महादेव की महिमा गाई गई थी। उपन्यासकार ने लिखा है कि उसके समय (बीसवीं शताब्दी के आरम्भ में)

इस पंथ की संख्या कई हजार थी, उसका मुखिया जार की सेना का एक कर्नल था। मालूम नहीं क्रान्ति की आँधी में वह पंथ कुछ बचा या नहीं, किन्तु खयाल कीजिए—कहाँ भारत और कहाँ मध्य वोल्गा में आधुनिक गोरकी और उस समय का निजनीनवोग्राद। निजनीनवोग्राद (निचला नया नगर) में दुनिया का सबसे बड़ा मेला लगता था जिसमें यूरोप ही नहीं, चीन, भारत तक के व्यापारी पहुँचते थे। जान पड़ता है, मेले के समय वह फक्कड़ भारतीय वहाँ पहुँच गया। फक्कड़ बाबा के लिए क्या बात थी? यदि वह कहीं दो-चार साल के लिए रम जाता तो वहाँ उसकी समाधि होती। फिर तो उपन्यासकार अवश्य उसका वर्णन करता। खैर, भारतीय घुमक्कड़ ने रूसी परिवारों में से कुछ को अपना ज्ञान-ध्यान दिया। भाषा का इतना परिचय हो कि वह वेदान्त सिखलाने की कोशिश करे, यह सम्भव नहीं मालूम होता। वेदान्त सिखलाने वाले को हर-गौरी के गीतों पर अधिक जोर देने की आवश्यकता नहीं होती। फक्कड़ बाबा के पास कोई चीज थी जिसने वोल्गा तट के ईसाई रूसियों को अपनी ओर आकृष्ट किया, नहीं तो वह इकट्ठा होकर पूजा करते हर-गौरी का गीत क्यों गाते? सम्भव है, फक्कड़ बाबा को योग और त्राटक के लटके मालूम हों। ये अमोघ अस्त्र हैं जिन्हें लेकर आज के कितने ही सिद्ध पुरुष यूरोपियन शिक्षितों को दंग करते हैं। फिर सत्रहवीं-अठारहवीं शताब्दी में यदि फक्कड़ बाबा ने लोगों को मुग्ध किया हो, अथवा आत्मिक शान्ति दी हो, तो क्या आश्चर्य? वोल्गा तक फक्कड़ बाबा भी निरुद्देश्य गया, लेकिन निरुद्देश्य रहते भी वह कितना काम कर गया? पश्चिमी यूरोप के लोग उन्नीसवीं-बीसवीं सदी में जिस तरह भारतीयों को नीची निगाह से देखते थे, रूसियों का भाव वैसा नहीं था। क्या जाने उसका कितना श्रेय फक्कड़ बाबा-जैसे घुमक्कड़ों को है? इसीलिए निरुद्देश्य घुमक्कड़ से हमें हताश होने की आवश्यकता नहीं है।

तीस बरस से भारत से गए हुए एक मित्र जब पहली बार मुझे रूस में मिले, तो गद्गद होकर कहने लगे—"आपके शरीर से मातृभूमि की सुगन्ध आ रही है।" हर एक घुमक्कड़ अपने देश की गन्ध ले जाता है। यदि वह उच्च श्रेणी का घुमक्कड़ नहीं हो, तो वह दुर्गन्ध होती है; किन्तु हम निरुद्देश्य घुमक्कड़ से दुर्गन्ध पहुँचाने की आशा नहीं रखते। वह अपने देश के लिए अभिमान करेगा। भारत जैसी मातृभूमि पाकर कौन अभिमान नहीं करेगा? यहाँ हजारों चीजें हैं जिन पर अभिमान होना

ही चाहिए? गर्व में आकर दूसरे देश को हीन समझने की प्रवृत्ति हमारे घुमक्कड़ की कभी नहीं होगी, यह हमारी आशा है और यही हमारी प्राचीन परम्परा भी है। हमारे घुमक्कड़ असंस्कृति देश में संस्कृति का सन्देश लेकर गए, किन्तु इसलिए नहीं कि जाकर उस देश को प्रताड़ित करें। वह उसे भी अपने जैसा संस्कृत बनाने के लिए गए। कोई देश अपने को हीन न समझे, इसी का ध्यान रखते हुए उन्होंने अपने ज्ञान-विज्ञान को उसकी भाषा की पोशाक पहनाई, अपनी कला को उसके वातावरण का रूप दिया। मातृभूमि का अभिमान पाप नहीं है, यदि वह दुरभिमान नहीं हो। हमारा घुमक्कड़ निरुद्देश्य होने पर भी अपने को अपने देश का प्रतिनिधि समझेगा और इस बात की कोशिश करेगा कि उससे कोई ऐसी बात न हो जिसने उसकी जन्मभूमि और घुमक्कड़-पंथ लांछित हों। वह समझता है, इस निरुद्देश्य घुमक्कड़ी में मातृभूमि की दी हुई हड्डियाँ न जाने किस पराये देश में बिखर जाएँ, देश की इस थाती को पराये देश में डालना पड़े, इस ऋण का खयाल करके भी घुमक्कड़ सदा अपनी मातृभूमि के प्रति कृतज्ञ बनने की कोशिश करेगा।

बिना किसी उद्देश्य के पृथ्वी-पर्यटन करना यह भी छोटा उद्देश्य नहीं है। यदि किसी ने बीस-बाईस साल की आयु में भारत छोड़ दिया और छहों महाद्वीपों के एक-एक देश में घूमने का ही संकल्प कर लिया, तो यह भी अप्रत्यक्ष रूप से कम लाभ की चीज नहीं है। ऐसे भी भारतीय घुमक्कड़ पहले हुए हैं और एक तो अब भी जीवित है। उनकी कितनी ही बातें मैंने यूरोप में दूसरे लोगों के मुँह से सुनीं। कई बातें तो विश्वसनीय नहीं हैं। सोलह-अठारह बरस की उमर में कलकत्ता विश्वविद्यालय से दर्शन का डॉक्टर होना—सो भी प्रथम विश्वयुद्ध के पहले, यह विश्वास की बात नहीं है। खैर, उसके दोषों से कोई मतलब नहीं। उसने घुमक्कड़ी बहुत की है। शायद पैंतीस-छत्तीस वर्ष उसे घूमते ही हो गए और अमेरिका, यूरोप तथा अटलांटिक और प्रशान्त महासागर के द्वीपों को उसने कितनी बार छान डाला, इसे कहना मुश्किल है। अंग्रेजी, फ्रांसीसी, स्पेनिश आदि भाषाएँ उसने घूमते-घूमते सीखीं। वह इसी तरह घूमते-घूमते एक दिन कहीं चिरनिद्रा-विलीन हो जाएगा और न अपनों न परायों को याद रहेगा कि लास्सेकंक्रकरिया नाम का एक अनथक निर्भय घुमक्कड़ भी भारत में पैदा हुआ था। तो भी वह शिक्षित और संस्कृत घुमक्कड़ है, इसलिए उसने अपनी घुमक्कड़ी में ब्राजील, क्यूबा, फ्रांस और जर्मनी के कितने

लोगों पर प्रभाव डाला होगा, इसे कौन बतला सकता है? और इसी तरह का एक घुमक्कड़ 1932 में मुझे लन्दन में मिला था। वह हमीरपुर का रहने वाला था। नाम उसका शरीफ़ था। प्रथम विश्वयुद्ध के समय वह किसी तरह इंग्लैंड पहुँचा। उसके जीवन के बारे में मालूम न हो सका; किन्तु जब मिला था, तब से बहुत पहले ही से वह एकान्त घुमक्कड़ी कर रहा था और सो भी इंग्लैंड जैसे भौतिकवादी देश में। इंग्लैंड, स्कॉटलैंड और आयरलैंड में साल में एक बार जरूर वह पैदल घूम आता था। घूमते रहना उसका व्रत था। कमाने का बहुत दिनों से उसने नाम नहीं लिया। भोजन का सहारा भिक्षा थी। मैंने पूछा—भिक्षा मिलने में कठिनाई नहीं होती? यहाँ तो भीख माँगने के खिलाफ कानून है। शरीफ ने कहा—हम बड़े घरों में माँगने नहीं जाते, वह कुत्ता छोड़ देते हैं या टेलीफोन करके पुलिस को बुला लेते हैं। हमें वह गलियाँ और सड़कें मालूम हैं जहाँ गरीब और साधारण आदमी रहते हैं। घरों में लेटर-बॉक्स पर पहले के घुमक्कड़ चिह्न कर देते हैं जिसमें हमें मालूम हो जाता है कि यहाँ डर नहीं है और न कुछ मिलने की आशा है। शरीफ रंग-ढंग से आत्म-सम्मानहीन भिखारी नहीं मालूम होता था। कहता था—हम जाकर किवाड़ पर दस्तक लगाते या घंटी दबाते हैं। किसी के आने पर कह देते हैं। क्या एक प्याला चाय दे सकती हैं? आवश्यकता हुई तो कह दिया, नहीं तो चाय के साथ रोटी का टुकड़ा भी आ जाता है। शहरों में भी यद्यपि शरीफ को घुमक्कड़ी ले जाती थी, किन्तु वह लन्दन जैसे महानगरों से दूर रहना अधिक पसन्द करता था। सोने के बारे में कह रहा था—रात को सार्वजनिक उद्यानों के फाटक बन्द हो जाते हैं, इसलिए हम दिन में ही वहाँ घास पर पड़कर सो लेते हैं। शरीफ ने यह भी कहा—चलें तो इस समय मैं रीजेंट पार्क में पचासों घुमक्कड़ों को सोया दिखला सकता हूँ। रात को घुमक्कड़ शहर की सड़कों पर घूमने में बिता देते हैं। वहीं एक अंग्रेज घुमक्कड़ से भी परिचय हआ। कई सालों तक वह घुमक्कड़ी के पथ पर बहुत कुछ शरीफ के ढंग पर रहा, पर इधर पढ़ने का चस्का लग गया। लन्दन में पुस्तकें सुलभ थीं और एक चिरकुमारी ने अपना सहवास दे दिया था, इस प्रकार कुछ समय के लिए उसने घुमक्कड़ी से छुट्टी ले ली थी।

ऐसे लोग भी निरुद्देश्य घुमक्कड़ कहे जा सकते हैं। पर उन्हें ऊँचे दर्जे का घुमक्कड़ नहीं मान सकते, इसलिए नहीं कि वह बुरे आदमी हैं। बुरा आदमी

निश्चिन्ततापूर्वक दस-पन्द्रह साल घुमक्कड़ी कैसे कर सकता है? उसे तो जेल की हवा खानी पड़ेगी। बड़े घुमक्कड़ इसलिए नहीं थे कि उन्होंने अपने घूमने का स्थान दो टापुओं में सीमित रखा था। छहों द्वीप—एशिया, यूरोप, अफ्रीका, उत्तरी अमेरिका, दक्षिणी अमेरिका और आस्ट्रेलिया—जिसकी जागीर हों, वह बड़ा घुमक्कड़ कहा जा सकता है, एशियाइयों के लिए छहों द्वीपों में कितने ही स्थान बन्द हैं, इसलिए वह वहाँ नहीं पहुँच सकते, तो इससे घुमक्कड़ का बड़प्पन कम नहीं होता।

निरुद्देश्य घुमक्कड़ कोई उद्देश्य न रखकर भी एक काम तो कर सकता है। वह घुमक्कड़-पंथ के प्रति लोगों में सम्मान और विश्वास पैदा कर सकता है, घुमक्कड़ों में घनिष्ठ भ्रातृभाव पैदा कर सकता है। यह काम वह अपने आचरण से कर सकता है। आज दुनिया में संगठन का जमाना है। 'संघे शक्तिः कलौ युगे', इसलिए यदि घुमक्कड़ संगठन की आवश्यकता महसूस करने लगे, तो कोई आश्चर्य नहीं। किन्तु किसी बाकायदा घुमक्कड़-संगठन की आवश्यकता नहीं है। हर एक घुमक्कड़ के भीतर भ्रातृ-भावना छिपी हुई है, यदि वह थोड़ा एक-दूसरे के सम्पर्क में और आएँ-जाएँ, तो यही संगठन का काम करेगा। स्वस्थ घुमक्कड़ के हाथ-पैर चल रहे हैं, उस वक्त उसको चिन्ता नहीं हो सकती। बीमार हो जाने पर अवश्य बिना हित-मित्र, बिना गाँव-देश के उसे आश्रयहीन होना पड़ता है। यद्यपि उसकी चिन्ता से कभी घुमक्कड़-पंथ में आने वालों की कमी नहीं हुई, तो भी ऐसे समय घुमक्कड़ की घुमक्कड़ के प्रति सहानुभूति और सहायता होनी चाहिए। ऐसे समय के लिए अपने भक्त और अनुयायियों में उन्हें ऐसी भावना पैदा करनी चाहिए कि किसी भी घुमक्कड़ को सहायता के समय सहायता मिल जाए। घुमक्कड़ मठ और आश्रय बनाकर कहीं एक जगह बस जाएगा, यह दुराशा मात्र है, किन्तु घुमक्कड़-पंथ से सम्बन्ध रखने वाले जितने मठ हैं, उनमें ऐसी भावना भरी जाए जिसमें घुमक्कड़ को आवश्यकता पड़ने पर विश्राम-स्थान मिल सके।

आने वाले घुमक्कड़ों के रास्ते को साफ रखना यह भी हर एक घुमक्कड़ का कर्तव्य है। यदि इतने का भी ध्यान निरुद्देश्य घुमक्कड़ रखे, तो मैं समझता हूँ, वह अपने समाज का सहायक हो सकता है। हजारों निरुद्देश्य घुमक्कड़ घर छोड़कर निकल जाते हैं। यदि आँखों के सामने किसी माँ का पूत मर जाता है, तो वह किसी तरह रो-धो कर सन्तोष कर लेती है। किन्तु भागे हुए घुमक्कड़ी की माता

वैसा नहीं कर सकती। वह जीवन भर आशा लगाये बैठी रहती है। विवाहित पत्नी और बन्धु-बान्धव भी आशा लगाये रहते हैं कि कभी वह भगोड़ा फिर घर आएगा। कई बार इसके विचित्र परिणाम पैदा होते हैं। एक घुमक्कड़ घूमते-घामते किसी अपरिचित गाँव में चला गया। लोगों में कानाफूसी हुई। उसे बड़ी आवभगत से एक द्वार पर रखा गया। घुमक्कड़ उनके हाथ की रसोई नहीं खा सकता था, इसलिए भोजन का सारा सामान और बर्तन रख दिया गया। भोजन खाते-खाते घुमक्कड़ को समझने में देर न लगी कि उसको घेरा जा रहा है। शायद उस गाँव का कोई एक तरुण दस-बारह साल से भाग गया था। उसकी स्त्री घर में थी। उक्त तरुण ने किसी बहाने गाँव से भागने में सफलता पाई। लोग उसके इनकार करने पर भी यह मानने के लिए तैयार न थे कि वह वही आदमी नहीं है। आरा जिले में तो यहाँ तक हो गया कि लोगों ने इनकार करने पर भी एक घुमक्कड़ को मजबूर किया। भाग्य पर छोड़कर घुमक्कड़ बैठ गया। जिसके नाम पर बैठा था, उसके नाम पर उसने एक सन्तान पैदा की, फिर असली आदमी आ गया। ऐसी स्थिति न पैदा करने के लिए घुमक्कड़ क्या कर सकता था? वह जगह-जगह से चिट्ठी कैसे लिख सकता था कि मैं दूर हूँ। चिट्ठी लिखना भी लोगों के दिल में झूठी आशा पैदा करना है।

निरुद्देश्य घुमक्कड़ होने का बहुतों को मौका मिलता है। घुमक्कड़शास्त्र अभी तक लिखा नहीं गया था, इसलिए घुमक्कड़ी का क्या उद्देश्य है, यह कैसे लोगों को पता लगता? अभी तक लोग घुमक्कड़ को साधन मानते थे और साध्य मानते थे मुक्ति—देव-दर्शन को; लेकिन घुमक्कड़ी केवल साधन नहीं, वह साथ ही साध्य भी है। निरुद्देश्य निकलने वाले घुमक्कड़ आजन्म निरुद्देश्य रह जाएँ, खूँटे से बँधे नहीं, तो भी हो सकता है कि पीछे कोई उद्देश्य भी दिखाई पड़ने लगे। सोद्देश्य और निरुद्देश्य जैसी भी घुमक्कड़ी हो, यह सभी कल्याणकारिणी है।

तरुणियाँ कैसे करें

घुमक्कड़ धर्म-घुमक्कड़चर्या किसी एक देश, काल या व्यक्ति तक सीमित नहीं है। हवा-पानी की तरह उस पर मनुष्य मात्र का, बल्कि कहना चाहिए, प्राणि मात्र का अधिकार है। हाँ, इससे लाभ मनुष्य ही उठा सकता है। 15 अध्यायों के घुमक्कड़शास्त्र को पढ़कर कितनी तरुणियों ने लेखक को पत्र लिखकर शिकायत की—हमारे लिए आपने विशेष तौर से शास्त्र में कुछ नहीं लिखा। ऐसा न करने का यह कारण नहीं था कि लेखक खूसट दिमागों की बात 'स्त्री शूद्रौ नाधीयतां' (स्त्री और शूद्र न पढ़ें) का कायल है। मैं यह भी मानता हूँ कि भारत की विशेष परिस्थिति में चाहे उनके लिए कितनी ही प्रतिकूलता हो, पर तरुणियाँ घुमक्कड़ी का रास्ता अपने लिए प्रशस्त कर सकती हैं। एक देश-काल की तरुणियाँ जो कर सकती हैं, वह दूसरे की भी कर सकती हैं। हाँ, हिम्मत और बुद्धि की आवश्यकता है। 1926 में लेखक लद्दाख और पश्चिमी तिब्बत में घूम रहा था। उस समय उसने लद्दाख में एक फ्रेंच चित्रकार महिला लाफूजी को अकेले विचरते देखा। कुमारी लाफूजी वहाँ के विचित्र दृश्यों और लोगों की तस्वीरें बना रही थीं। वहाँ से लौटकर शिमला में उन्होंने अपने चित्रों की प्रदर्शनी भी की थी। वह अकेली थीं। खाना पकाने के लिए एक नौकर रख लिया था और पथ-प्रदर्शकों को लेकर वह निर्जन बयाबानों में बेखटके घूमा करती थीं।

इसके नौ वर्ष बाद मैंने कोरिया के मनोरम पर्वतों में एक और हट्टी-कट्टी

अमेरिकन तरुणी को घूमते देखा। वह चित्रकार या कलाकार नहीं थी। वह केवल घुमक्कड़ी के लिए घूम रही थी। उसके पास कोई नौकर-चाकर नहीं था। सामान उतना ही था जितने को वह अपनी पीठ पर ढो सकती थी और वह 25 सेर से कम नहीं रहा होगा। पीठ के बहुगुना झोले के भिन्न-भिन्न खलीतों में भिन्न-भिन्न चीजें रखी थीं। वहीं एक टंबलर लटक रहा था, ऊपर से कम्बल बाँध रखा था। पहाड़ चढ़ने के लिए हाथ में डंडा था। वहाँ देशी ढंग के होटल जगह-जगह थे जिनके संचालक जापानी थे। उस समय कोरिया जापान के कब्जे में था और आमदनी के हरेक रास्ते पर जापानी छाये हुए थे। होटल बहुत स्वच्छ और सस्ते थे। सोने के लिए चारपाइयाँ नहीं थीं, बल्कि सीतलपाटी से ढकी पुवाल की मोटी चटाइयाँ कमरों में बिछी थीं। वह महिला पुरुषों की तरह ही निर्द्वंद्व घूमती दुनिया की सैर का आनन्द ले रही थी।

यह दोनों उदाहरण यूरोपीय तरुणियों के हैं, यह ठीक है; पर इसका यह अर्थ नहीं कि एशियाई तरुणियाँ उनसे पीछे रहने के लिए मजबूर हैं। कोरिया जाने के एक साल पहले मैं अपने दिवंगत मित्र गेशे धर्मबर्धन के साथ तिब्बत में घूम रहा था। हम लोग ल्हासा से ब्रह्मपुत्र और उसके बाद के बहुत ऊँचे डाँडे (पास) को पार कर एक गाँव में गए। उसी समय 20-22 वर्ष की दो तंगुत (अम्दो) तरुणियाँ भी गाँव में पहुँचीं। तिब्बत के कुत्ते बड़े खूँखार होते हैं, उनसे बहुत सजग रहने की जरूरत है और शायद इसी का परिणाम था जो मुझे कुत्तों ने कभी नहीं काटा। तरुणियों के पैर में अपने देश का लम्बा जूता था। देह पर सफेद रंग का ऊनी चोंगा, जिस पर कमरबन्द बँधा था। सिर पर नम्दे की टोपी थी जिससे जरूरत पड़ने पर मुँह को धूप से बचाया जा सकता। उनकी पीठ पर भार बाँधने वाली लकड़ियों के बीच में दस-बारह सेर सामान थे। दोनों के हाथों में डंडे थे। वह तरुणी ही नहीं थीं, बल्कि भिखमंगों के वेश में भी उनका सौन्दर्य ढक नहीं पाया था। गाँवों में शायद उन्होंने अधिक आत्मविश्वास दिखलाना चाहा और एक के पैर में कुत्ते ने काट खाया। हम भारतीय लामा थे। लोगों को विश्वास था कि हमारे पास कोई दवा होगी, इसलिए वह दोनों हमारे पास दवा के लिए आईं। टिंचर और कुछ दूसरी दवाएँ हमारे पास रहती थीं। हमने घाव में उन्हें लगा दिया। गेशे धर्मबर्धन अपनी जन्मभूमि की दो तरुणियों को देखकर बहुत प्रसन्न हुए। वह उनके जन्मग्राम के आसपास की ही रहने वाली

थीं। जो कुछ भी हमसे हो सका, हमने उनकी सहायता की। वह तीर्थयात्रा—जिनका दूसरा अर्थ घुमक्कड़ी भी है—करने निकलीं। उनके जन्मस्थान से यह जगह एक महीने के रास्ते पर थी जिसमें आधा रास्ता तो ऐसा था जहाँ कोई गाँव-गिराँव नहीं था। अधिक स्थानों में डाकुओं का हर वक्त डर रहता था। उनके पास मालमता नहीं थी, पर यौवन, सौन्दर्य तो था। यह उनके लिए कितनी हिम्मत की बात थी? अभी वह कैलास मानसरोवर ही नहीं, नेपाल और भारत भी पहुँचने की आशा रखती थीं। यह भारतीय तरुणियों की अपनी ही एशियाई बहिनें थीं, उनमें हिम्मत थी, लेकिन अक्षर से भेंट नहीं थी। संबल भी उनके पास कोई नहीं था। तीर्थयात्री को खाने के लिए सत्तू माँग लेने में वहाँ लज्जा की बात नहीं समझी जाती और इसी बल पर वह बिना पाथेय घूम रही थीं।

हमारे देश में भी घुमक्कड़ स्त्रियों का सर्वथा अभाव नहीं रहा है। अब भी कितनी ही साधुनियाँ मिलेंगी जो अपना डंड-कमंडल लिये चारों धामों में विचरती फिरती हैं। हाँ, इनमें नवतरुणियाँ नहीं मिलेंगी, अधिकतर प्रौढ़ाएँ और वृद्धाएँ ही देखने में आएँगी। कुम्भ के समय में जाएँ, तो देखेंगे, इनकी संख्या हजारों नहीं तो सैकड़ों जरूर है। हमारे यहाँ का साधु-जीवन घुमक्कड़ी जीवन ही का दूसरा नाम है और तीर्थयात्रा है घुमक्कड़ी यात्रा। हमारे साधु घुमक्कड़ों ने कभी अपने को भारत के चार धामों तक सीमित नहीं रखा। डेढ़ सौ वर्ष पहले, उनमें से कितने रूस की राजधानी और सारे एशिया में घूमे थे। आधुनिक साधुनियों से और पीछे जाएँ, तो आज से 26-27 सौ वर्ष पहले और अधिक घुमक्कड़ तरुणियों को देखेंगे। मिथिलापति जनक की परिषद् में याज्ञवल्क्य की हुलिया तंग करने वाली गार्गी एक घुमक्कड़ महिला थी। गार्गी कुरुदेश—मेरठ कमिश्नरी—की थी और वहाँ से वह पूर्वी बिहार के विदेह (तिरहुत) प्रदेश में गई थी। उसके प्रतिद्वंद्वी याज्ञवल्क्य भी कुरुभूमि ही के थे। पुरुष होने से उनके लिए घूमना-फिरना कोई मुश्किल नहीं था। आज मेरठ से आराम से रेल में बैठकर दूसरे या तीसरे दिन तिरहुत के मुख्य नगर दरभंगा में आप पहुँच जाएँ। पर, उस समय रेलें नहीं थीं, उससे भी तेज चलने वाले विमान नहीं थे। लोग पैदल यात्रा करते, या जहाँ सुभीता देखते, नाव पर बैठ जाते। गाँवों और खेतों से ज्यादा हमारे देश में उस समय जंगल थे। उत्तर प्रदेश और उत्तरी बिहार के इन जंगलों में सिंह और हाथी बहुतायत से रहा

करते थे जिनका अब वहाँ नाम तक नहीं है। जगह-जगह डाकुओं का भी भय था। गार्गी की हिम्मत देखो, वह सब आफतों को सिर पर उठाकर विदेह (तिरहुत) देश में पहुँची थी। झूठ बोलने वाले चाहे कुछ भी कहा करें कि याज्ञवल्क्य ने गार्गी का मुँह बन्द कर दिया। पर, वृहदारण्यक उपनिषद् का वह प्रकरण अब भी सामने मौजूद है। पढ़कर देखिए। क्या याज्ञवल्क्य ने गार्गी को युक्ति और अपने ब्रह्मज्ञान से परास्त किया था? बिलकुल नहीं। जब वह गार्गी के तर्कों के घेरे में बुरी तरह फँस गए, तब उन्होंने कह दिया—तू प्रश्न की सीमा को पार कर रही है। यदि तू रुकी नहीं, तो तेरा सिर गिर जाएगा। सिर गिराने की धमकी बनारस की पिछली शताब्दी का कोई गुंडा ही दे सकता था। अस्तु, यह विषयान्तर की बात है। हमें सिर्फ इतना देखना है कि उस समय हमारे देश में गार्गी जैसी हिम्मत वाली महिलाएँ थीं जो प्राणी और मनुष्यों प्रकृति और समय की बाधाओं की कोई परवाह न करके दूर-दूर तक विचरा करती थीं। बुद्ध के समय में भी ऐसी महिलाओं की कमी नहीं थी। इस प्रकार हमारा देश घुमक्कड़ तरुणियों के योग्य नहीं है, यह कहना गलत है।

लेकिन, हमें इस वास्तविकता से भी इनकार नहीं करना होगा कि आज और सदा पुरुष शरीर में स्त्रियों की अपेक्षा अधिक शक्तिशाली रहा है। समय पड़ने पर वह निर्लज्ज हो अपनी इस पशु-शक्ति का प्रयोग करता रहा है। आज भी अनपढ़ नहीं, शिक्षित, यूनिवर्सिटी के तरुणों को जब हम तरुण छात्राओं के साथ छेड़-छाड़ करते देखते हैं, तो इस खतरे की अपेक्षा नहीं कर सकते। तरुणियाँ अकेली एक पुरुष का मुकाबला नहीं कर सकतीं, लेकिन 'सात पाँच की लाकड़ी, एक जने का बोझ' जब हो सकती हैं, तो सात-पाँच तरुणियाँ मिलकर क्या एक-दो शोहदे तरुणों की हुलिया तंग नहीं कर सकती हैं। ऐसे समय में उनकी लज्जा और संकोच सबसे बड़ी कमजोरी है। वह अपने और अपनी इज्जत की रक्षा केवल अपने बल पर कर सकती हैं। हजारों वर्षों से हमारे यहाँ के हरिजन भी म्याऊँ-म्याऊँ करते रहे। जब तक उन्होंने म्याऊँ-म्याऊँ नहीं छोड़ा, तब तक बड़ी जाति वाले, 'लतियाये सिद्ध' का नारा लगाते रहे। जब उन्होंने अपनी संघ-शक्ति का परिचय पाया, तो कितनी ही जगहों पर अत्याचारियों को लेने के देने पड़ गए हैं। तरुणियाँ अपने पैरों पर खड़ी हों, अपने भुजबल का भरोसा रखें और यही उनको करना भी होगा। जहाँ भी

किसी तरुणी ने अपना चप्पल उठाकर छेड़ने वाले के गाल पर जमाया, वहाँ उसे हर तरफ से साधुवाद मिला और पढ़े-लिखे गुंडों की हिम्मत टूट गई। गुंडागिरी का अर्थ प्रेम करना नहीं है। जिसको इसका नशा हो, उसे दूर करने का एक रास्ता है, तड़ातड़ चप्पल।

यहाँ शहर में तरुणियों के साथ छेड़-छाड़ करने वाले तरुणों से कोई मतलब नहीं; मुझे तो तरुणियों के घुमक्कड़ बनने के बारे में कहना है। अकेले घूमना हमारी तरुणियाँ भी कर सकती हैं, पर इसमें उनकी निर्बलता बाधक होती है। तीन की संख्या मनहूस मानी जाती है—'तीन टिकट महा विकट'। पर, मैं तरुणियों की घुमक्कड़ी के लिए इस संख्या को मंगलमय मानता हूँ। दो से भी काम चल सकता है, लेकिन द्विवचन से बहुवचन ज्यादा मजबूत होता है। चार की या अधिक की भी वह टोली बना सकती हैं, लेकिन बहुत बड़ी जमात एकाध ही महीने तक साथ चल सकती है। यात्रा करने में अपने साथी को खूब अच्छी तरह ठोंक-ठठा कर साथ लेना चाहिए, नहीं तो महीनों की घुमक्कड़ी का मनसूबा दो-चार दिनों ही में बिखर जाता है। 'मन माने का मेला, नहीं तो सबसे बड़ा अकेला' यह पुरुष कह सकता है, क्योंकि आज की आधी दुनिया में केवल पुरुषों का राज्य है, सारे नियम-विधान अपने सुभीते के लिए उसने स्वयं बनाए हैं। वहाँ पर स्त्रियों के रास्ते में पग-पग पर काँटे बिछे हुए हैं। तरुणियों को तो 'मनमना मेला' वाक्य को गाँठ बाँधना चाहिए। वह तीन की संख्या में चलें, सभी स्वस्थ हों, सभी हिम्मती हों उनके पास में बारूदी या छुरे जैसे तेज हथियार हों। हाँ, मैंने तिब्बत की उन घुमक्कड़ तरुणियों के डंडों के सिरे पर भाला लगा हुआ देखा था। इस तरह अपने को तैयार कर तरुणियाँ भारत में भी निर्द्वंद्व घूम सकती हैं। उन्हें सिर्फ इतना ही ध्यान में रखना चाहिए कि जो काम तरुण कर सकता है, वह तरुणी भी कर सकती है। आत्मसम्मान की रक्षा मनुष्य अपने हाथों ही कर सकता है।

घुमक्कड़ों के लिए यात्रा में कौन से सुलभ संबल हैं, इसके बारे में पहले बतला चुके हैं। पुरुषों की तरह ही महिलाओं के लिए भी गीत, वाद्य, नृत्य और चित्रकला सबसे बड़े संबल हो सकते हैं। इनके बल पर सिर्फ भारत के ही चारों खूँटों को वह अपनी जागीर नहीं बना सकतीं, बल्कि पृथ्वी पर जहाँ चाहें वहाँ घूम

सकती हैं। विमानों, जहाजों और रेलों से दौड़ते, बड़े-बड़े होटलों में ठहर, कारों पर सैट-सपाटे करना घुमक्कड़ी नहीं है। घुमक्कड़ी उसे कहते हैं जिससे शरीर और दिमाग को पूरी तौर से काम करने का मौका मिले जिसमें आदमी खतरे को निमंत्रित करे। घुमक्कड़ ऐसी जगहों में जाता है जहाँ अभी किसी के पैर न पड़े हों, या जहाँ जाने का साहस बहुत कम को होता है।

तरुणों के लिए घुमक्कड़ी का पाठ जिस तरह पढ़ने के लिए लिखा है, वही बात तरुणियों के बारे में भी है। उन्हें पहले ही दूर और देर की मंजिल मारने की कोशिश नहीं करनी चाहिए। पक्षि-शावक के जब पंख जम आते हैं, तो वह आकाश में लम्बी छलाँग नहीं मारता, बल्कि छोटी-छोटी उड़ान करता है। तरुणियाँ भी तीन-चार की मंडली बना हफ्ते-दो हफ्ते के सैर-सपाटे के लिए निकलें। पहाड़ों के रमणीक स्थानों में जाएँ। साड़ी छोड़ खाकी कमीज-पैंट पहनें। पीठ पर हेमरसाक रखें, सिर पर धूप के निवारण के लिए हैट और हाथ में डंडा पकड़ें। 10-15 सेर सामान पीठ पर ढोने की आदत तो उन्हें जरूर लगानी चाहिए। हमारे देश ने परतंत्र रहते समय माँग की थी कि हथियार का कानून उठा दिया जाए, हर स्वतंत्र नागरिक को आत्मरक्षा के लिए हथियार रखने का हक है जिसे निरबाध भोगने का सबको मौका मिलना चाहिए। पर, हमारे नये प्रभु भी अंग्रेजों की तरह लोगों के हाथों में हथियार को अपने लिए खतरे की चीज समझते हैं, तभी तो अंग्रेजों का बनाया शस्त्र कानून अब भी चल रहा है, किसी ने उसके फाड़-फेंकने की बात नहीं कही। घुमक्कड़ तरुणियों को अपने पास एक छोटा-सा पिस्तौल रखना चाहिए; यदि यह कहूँ, तो फिर लाइसेंस की बात आएगी। उन्हें इसकी माँग करनी चाहिए—खास कर घुमक्कड़ी के समय इस्तेमाल करने के लिए, जनमत उनका समर्थन करेगा। सम्भव है, लज्जा-शर्म के मारे निर्लज्ज नौकरशाही और उनके प्रभुओं को भी कुछ लज्जा आए। नहीं तो डंडे में गुप्ती, भाला, हाथ भर की कटार जैसे हथियार तो वह आसानी से रख सकती हैं। याद रखना चाहिए कि घुमक्कड़ी रानी फूलमती के लिए नहीं है जिनका वजन पाँच फूल भर होता है। घुमक्कड़ तरुणियों के तन्दुरुस्त और उनके शरीर का वजन कद के मुताबिक होना चाहिए। उन्हें हाथ से परिश्रम करने के लिए तैयार रहना चाहिए जिसकी आदत अपने आप बन जाती है।

घुमक्कड़ पुरुष के लिए भी स्त्री का आकर्षण भारी बाधा है। स्त्री के लिए तो वह बाधा और भी जबरदस्त है। पुरुष स्त्री के साथ सम्पर्क स्थापित करके कुछ हो जाने पर निर्लज्जतापूर्वक अपनी जिम्मेदारी को छोड़कर भाग सकता है। प्रकृति ने उसके साथ पक्षपात कर रखा है। स्त्री इस तरह भागने का कोई रास्ता नहीं पा सकती, इसलिए वह दारुण विपद में फँस सकती है। जब तक घुमक्कड़ी करनी है, तब तक तरुणी को इस खतरे से पूरी तौर से बचकर रहना चाहिए, नहीं तो जहाँ चन्द दिनों में वह अपनी घुमक्कड़ी के मनसूबे को खतम कर देगी, वहाँ जन्म भर के लिए परतंत्रता, अभाव और लांछनापूर्ण जिन्दगी भोगनी पड़ेगी।

जिन बातों को पिछले अध्यायों में कहा जा चुका है, उन्हें यहाँ फिर से दोहराने की आवश्यकता नहीं। यदि उन बातों पर ध्यान रख, अपने को तैयार करें, तो 20 वर्ष की आयु तक पहुँचने पर तरुणियाँ भी छुरे की तीक्ष्ण धार जैसे घुमक्कड़ी के दुर्गम पथ पर आरूढ़ हो सकती हैं। जिस तरह स्त्रियों ने थोड़े ही दिनों में हर क्षेत्र में अपनी प्रतिभा का परिचय दिया है, उसी तरह वह इस क्षेत्र में भी अपने महत्त्व को दिखलाकर देश का मुख उज्ज्वल करेंगी। पुरानी तुला पुरुषों ने स्त्रियों को तौलने के लिए नहीं, बल्कि बाँधने के लिए बनाई थी। उसके बटखरे पुरुषों के लिए अलग थे, स्त्रियों के लिए अलग। अब यह पक्षपात अन्तिम घड़ियाँ गिन रहा है; इसे हरेक तरुणी अपनी जीवित दादी या परदादी के विचारों से मिलाकर देख सकती है। सहृदय दादी-परदादी से उनकी आपबीती सुनकर भी वह जान सकती है कि 19वीं सदी के अन्तिम पाद से 20वीं सदी के मध्य तक हरेक बात में भारी परिवर्तन हुआ है और उससे भी जोर से परिवर्तन हो रहा है। किसी समय विलायत जाने से आदमी धर्म से पतित हो जाता था। मुसलमान के हाथ से पानी पी लेने मात्र से लाखों हिन्दू मुसलमान हो गए। लेकिन आज क्या अवस्था है? विलायत जाना अब जाति में बड़े अभिमान की बात समझी जाती है। रोटी-पानी सबकी एक हो गई है। कुछ ही सालों पहले रेलवे स्टेशनों पर अलग-अलग हिन्दू पानी, मुसलमान पानी होते थे, अब उसकी जगह केवल पीने का पानी रह गया है। तरुणियाँ बहुत बातों में अपनी माताओं और दादियों को पीछे छोड़ चुकी हैं। शिक्षा के ग्रहण के साथ उन्होंने परदे को हमेशा के लिए त्याग दिया है। बाप-दादों के

हाथ में कठपुतली बनने को छोड़कर अपने भाग्य का निर्णय करती स्वयं अपना जीवनसंगी चुन रही हैं।

घुमक्कड़ी में भी तरुणियों को पीछे नहीं रहना है, बस यही वज्र संकल्प होना चाहिए, फिर सारे रास्ते अपने आप खुल जाएँगे।

स्मृतियाँ

घुमक्कड़ असंग और निर्लेप रहता है, यद्यपि मानव के प्रति उसके हृदय में अपार स्नेह है। यही अपार स्नेह उसके हृदय में अनन्त प्रकार की स्मृतियाँ एकत्रित कर देता है। वह कहीं किसी से द्वेष करने के लिए नहीं जाता। ऐसे आदमी के अकारण दूर करने वाले भी कम ही हो सकते हैं, इसलिए उसे हर जगह से मधुर स्मृतियाँ ही जमा करने को मिलती हैं। हो सकता है, तरुणाई के गरम खून, या अनुभवहीनता के कारण घुमक्कड़ कभी किसी के साथ अन्याय कर बैठे, इसके लिए उसे सावधान कर देना आवश्यक है। घुमक्कड़ कभी स्थायी बन्धु-बान्धवों को नहीं पा सकता, किन्तु जो बन्धु-बान्धव उसे मिलते हैं, उनमें अस्थायी साकार बन्धु-बान्धव ही नहीं, बल्कि कितने ही स्थायी निराकार भी होते हैं जो कि उसकी स्मृति में रहते हैं। स्मृति में रहने पर भी वह उसी तरह हर्ष-विषाद पैदा करते हैं, जैसे कि साकार बन्धुजन। यदि घुमक्कड़ ने अपनी यात्रा में कहीं भी किसी के साथ बुरा किया, तो वह उसकी स्मृति में बैठकर घुमक्कड़ से बदला लेता है। घुमक्कड़ कितना ही चाहता है कि अपने किये हुए अन्याय और उसके भागी को स्मृति से निकाल दे, किन्तु यह उसकी शक्ति से बाहर है। जब कभी उस अत्याचार-भागी व्यक्ति और उस पर किये गए अपने अत्याचार की स्मृति आती है, तो घुमक्कड़ के हृदय में टीस लगने लगती है। इसलिए घुमक्कड़ को सदा सावधान रहने की आवश्यकता है कि वह कभी ऐसी उत्पीड़क स्मृति को पैदा न होने दे।

घुमक्कड़ ने यदि किसी के साथ अच्छा बर्ताव, उपकार किया है, चाहे वह उसे मुँह से प्रकट करना कभी पसन्द नहीं करता, किन्तु उससे उसे आत्मसन्तोष अवश्य होता है। जिन्होंने घुमक्कड़ के ऊपर उपकार किया है, सांत्वना दी है, या अपने संग से प्रसन्न किया है; घुमक्कड़ उन्हें कभी नहीं भूल सकता। कृतज्ञता और कृतवेदिता घुमक्कड़ के स्वभाव में है। वह अपनी कृतज्ञता को वाणी और लेखनी से प्रकट करता है और हृदय में भी उसका अनुस्मरण करता है।

यात्रा में घुमक्कड़ के सामने नित्य नये दृश्य आते रहते हैं। इनके अतिरिक्त खाली घड़ियों में उसके सामने सारे अतीत के दृश्य स्मृति के रूप में प्रकट होते रहते हैं। यह स्मृतियाँ घुमक्कड़ को बड़ी सांत्वना देती हैं। जीवन में जिन वस्तुओं से वह वंचित रहा, उनकी प्राप्ति यह मधुर स्मृतियाँ कराती हैं। लोगों को याद रखना चाहिए, कि घुमक्कड़ एक जगह न ठहर सकने पर भी अपने परिचित मित्रों को सदा अपने पास रखता है। घुमक्कड़ कभी लन्दन या मास्को के एक बड़े होटल में ठहरा होता है जहाँ की दुनिया ही बिलकुल दूसरी है; किन्तु वहाँ से भी उसकी स्मृतियाँ उसे तिब्बत के किसी गाँव में ले जाती हैं। उस दिन थका-माँदा बड़े डाँडे को पार करके एक घुमक्कड़ सूर्यास्त के बाद उस गाँव में पहुँचा था। बड़े घर वालों ने उसे रहने की जगह नहीं दी। उन्होंने कोई-न-कोई बहाना कर दिया। अन्त में वह एक अत्यन्त गरीब के घर में गया। उसे घर भी नहीं कहना चाहिए, किसी पुराने खँडहर को छू-छाकर गरीब ने अपने और बच्चों के लिए वहाँ स्थान बना लिया था। गरीब हृदय खोलकर घुमक्कड़ से मिला। घुमक्कड़ रास्ते की सारी तकलीफें भूल गया। गाँव वालों का रूखा रुख चिर विस्मृत हो गया। उसने उस छोटे परिवार के जीवन और कठिनाई को देखा, साथ ही उतने विशाल हृदय-जैसा उसने उस गाँव में नहीं पाया था। घुमक्कड़ के पास जो कुछ भी देने लायक था, चलते वक्त उसे उसने उस परिवार को दे दिया, किन्तु वह समझता था कि सिर्फ इतने से वह पूरी तौर से कृतज्ञता प्रकट नहीं कर सकता।

घुमक्कड़ के जीवन में ऐसी बहुत-सी स्मृतियाँ होती हैं। जो कटु स्मृतियाँ यदि घर करके बैठी होती है, उनमें अपने किये हुए अन्याय की स्मृतियाँ दुस्सह हो उठती हैं। कृतज्ञता और कृतवेदिता घुमक्कड़ का गुण है। वह जानता है कि हर रोज कितने लोग अकारण ही उसकी सहायता के लिए तैयार है और वह उनके

लिए कुछ भी नहीं कर सकता। उसे एक बार का परिचित दूसरी बार शायद ही मिलता है, घुमक्कड़ इच्छा रहने पर भी वहाँ दूसरी बार जा ही नहीं पाता। जाता भी है तो उस समय तक बारह साल का एक युग बीत गया रहता है। उस समय अक्सर अधिकांश परिचित चेहरे दिखलाई नहीं पड़ते जिन्होंने उसके साथ मीठी-मीठी बातें की थीं, हर तरह की सहायता की थी। बारह वर्ष के बाद वाणी से भी कृतज्ञता प्रकट करने का उसे अवसर नहीं मिलता; इसके लिए घुमक्कड़ के हृदय में मीठी टीस लगती है—उस पुरुष की स्मृति में मिठास अधिक होती है उसके वियोग में टीस।

घुमक्कड़ के हृदय में जीवन की स्मृतियाँ वैसे ही संचित होती रहती हैं, किन्तु अच्छा है वह अपनी डायरी में इन स्मृतियों का उल्लेख करता जाए। कभी यात्रा लिखने की इच्छा होने पर स्मृति-संचिकाएँ। बहुत काम आती हैं। अपने काम न आएँ तो भी, हो सकता है, दूसरे के काम आएँ, डायरी घुमक्कड़ के लिए उपयोगी चीज है। यदि घुमक्कड़ ने जिस दिन से पथ पर पैर रखा, उसी दिन से वह डायरी लिखने लगे, तो बहुत अच्छा हो। ऐसा न करने वालों को पीछे पछतावा होता है। घुमक्कड़ का जब कोई घर-द्वार नहीं, तो वह साल-साल की डायरी कहाँ सुरक्षित रखेगा? यह कोई कठिन-प्रश्न नहीं है। घुमक्कड़ अपनी यात्रा में ऐतिहासिक महत्त्व की पुस्तकें प्राप्त कर सकता है, चित्रपट या मूर्तियाँ जमा कर सकता है। उसके पास इनके रखने की जगह नहीं, किन्तु क्या ऐसा करने से बाज आ सकता है? वह उन्हें जमा करके उपयुक्त स्थान में भेज सकता है। यदि मैं यह समझता कि बे-घर-बार का होने के कारण क्यों किसी चीज को जमा करूँ, तो मैं समझता हूँ—पीछे मुझे इसका बराबर पछतावा रहता। मैंने तिब्बत में पुराने सुन्दर-चित्र खरीदे, हस्तलिखित पुस्तकें जमा कीं और भी जो ऐतिहासिक, सांस्कृतिक महत्त्व की चीजें मिलीं, उन्हें जमा करते समय कभी नहीं खयाल किया कि बे-घर के आदमी को ऐसा करना ठीक नहीं। पहली यात्रा में बाईस खच्चर पुस्तकें और दूसरी चीजें मैं साथ लाया। मैं जानता था कि उनका महत्त्व है और हमारे देश में सुरक्षित रखने का स्थान भी मिल जाएगा। कुछ समय बाद वह चीजें पटना म्यूजियम को दे दीं। अगली यात्राओं में भी जब-जब कोई महत्त्वपूर्ण चीज हाथ लगी, मैं लाता रहा। उनमें से कुछ पटना म्यूजियम को दीं, कुछ को काशी के कला-भवन में और कुछ चीजें प्रयाग

म्यूनिसिपल म्यूजियम में भी। व्यक्तियों को ऐसी चीजें देना मुझे कभी पसन्द नहीं रहा। बहुत आग्रह करने पर किन्हीं मित्रों को सिर्फ दो-एक ही ऐसी चीजें लाकर दीं। घुमक्कड़ अपनी यात्रा में कितनी ही दिलचस्प चीजें पा सकता है। यदि वह सुरक्षित जगह पर हैं, तो कोई बात नहीं; यदि अरक्षित जगह पर है, तो उसे अवश्य सुरक्षित जगह पर पहुँचाना घुमक्कड़ का कर्तव्य है। हाँ, यह देखते हुए कि वैसा करने से घुमक्कड़-पंथ पर कोई लाँछन न लगे।

घुमक्कड़ को इस बात का भी खयाल मन में लाना नहीं चाहिए कि उसने चीजों को इतनी कठिनाई से संग्रह किया, लेकिन लोगों ने उस संग्रह से उसका नाम हटा दिया। एक बार ऐसा देखा गया : एक घुमक्कड़ ने बहुत-सी बहुमूल्य वस्तुएँ एक संस्था को दी थीं। संस्था के अधिकारियों ने पहले उन चीजों के साथ दायक का नाम लिखकर टाँग दिया था, फिर किसी समय नाम को हटा दिया। घुमक्कड़ के एक साथी को इसका बहुत क्षोभ हुआ। लेकिन घुमक्कड़ को इसका कोई खयाल नहीं हुआ। उसने कहा—यदि वह चीजें इतनी नगण्य हैं, तो दायक का नाम रहने से ही क्या होता है? यदि वह बड़े महत्त्व की वस्तुएँ हैं, तो वर्तमान अधिकारियों का ऐसा करना केवल उपहासास्पद चेष्टा है, क्योंकि वह महत्त्वपूर्ण वस्तुएँ कैसे यहाँ पहुँचीं, क्या इस बात को अगली पीढ़ियों से छिपाया जा सकता है?

जो भी हो, अपने घुमक्कड़ रहने पर भी संस्थाओं के लिए जो भी वस्तुएँ संगृहीत हो सकें, उनका संग्रह करना चाहिए। ऐसी ही किसी संस्था में वह अपनी साल-साल की डायरी भी रख सकता है। व्यक्ति के ऊपर भरोसा नहीं करना चाहिए। व्यक्ति का क्या ठिकाना है? न जाने कब चल बसे, फिर उसके बाद उत्तराधिकारी इन वस्तुओं का क्या मूल्य समझेंगे? बहुत-सी अनमोल निधियों के साथ उत्तराधिकारियों का अत्याचार अविदित नहीं है। उस दिन ट्रेन दस घंटा बाद मिलने वाली थी, इसलिए कटनी में डॉक्टर हीरालाल जी का घर देखने चले गए। भारतीय इतिहास, पुरातत्त्व के महान् गवेषक और परम अनुरागी हीरालाल अपने जीवन में कितनी ही ऐतिहासिक सामग्रियाँ जमा करते रहे। अब भी उनकी जमा की हुई कितनी ही मूर्तियाँ सीमेंट के दरवाजे में मढ़ी थीं। उनके निजी पुस्तकालय में बहुत-से महत्त्वपूर्ण और कितने ही दुर्लभ ग्रन्थ है। डॉक्टर हीरालाल के भतीजे अपने कीर्तिशाली चचा की चीजों का महत्त्व समझते हैं, अत: चाहते थे कि उन्हें कहीं ऐसी जगह रख दिया जाए जहाँ

वह सुरक्षित रह सकें। उनको कटनी ही की किसी संस्था में रख छोड़ने का मोह था। मैंने कहा—आप इन्हें सागर विश्वविद्यालय को दे दें। वहाँ इन वस्तुओं से पूरा लाभ उठाया जा सकता है और चिरस्थायी तथा सुरक्षित भी रखा जा सकता है। उन्होंने इस सलाह को पसन्द किया। मेरे मित्र डॉक्टर जायसवाल अधिक अग्रसोची थे। उन्होंने कानून की पुस्तकें छोड़ अपने सारे पुस्तकालय को हिन्दू विश्वविद्यालय के नाम पहले ही लिख दिया था।

घुमक्कड़ का अपना घर न रहने के कारण इसकी चिन्ता नहीं करनी चाहिए कि अपने पास धीरे-धीरे बड़ा पुस्तकालय या संग्रहालय जमा हो जाएगा। जो भी महत्त्वपूर्ण चीज हाथ लगे, उसे सुपात्र संस्था में देते रहना चाहिए। सुपात्र संस्था के लिए आवश्यक नहीं है कि वह घुमक्कड़ की अपनी ही जन्मभूमि की हो। वह जिस देश में भी घूम रहा है, वहाँ की संस्था को भी दे सकता है।

घुमक्कड़-शास्त्र समाप्त हो रहा है। शास्त्र होने से यह नहीं समझना चाहिए कि यह पूर्ण है। कोई भी शास्त्र पहले ही कर्ता के हाथों पूर्णता नहीं प्राप्त करता। जब उस शास्त्र पर वाद-विवाद, खंडन-मंडन होते हैं, तब शास्त्र में पूर्णता आने लगती है। घुमक्कड़-शास्त्र से घुमक्कड़ी पंथ बहुत पुराना है। घुमक्कड़चर्या मानव के आदिम काल से चली आई है, लेकिन यह शास्त्र जून 1949 से पहले नहीं लिखा जा सका। किसी ने इसके महत्त्व को नहीं समझा। वैसे धार्मिक घुमक्कड़ों के पथ-प्रदर्शन के लिए कितनी ही बातें पहले भी लिखी गई थीं। सबसे प्राचीन संग्रह हमें बौद्धों के प्रतिमोक्ष-सूत्रों के रूप में मिलता है। उनका ऐतिहासिक महत्त्व बहुत है और हम कहेंगे कि हर एक घुमक्कड़ को एक बार उनका पारायण अवश्य करना चाहिए (इन सूत्रों का मैंने विनयपिटक ग्रन्थ में अनुवाद कर दिया है)। उनके महत्त्व को मानते हुए भी मैं नम्रतापूर्वक कहूँगा कि घुमक्कड़-शास्त्र लिखने का यह पहला उपक्रम है। यदि हमारे पाठक-पाठिकाएँ चाहते हैं कि इस शास्त्र की त्रुटियाँ दूर हो जाएँ, तो वह अवश्य लेखक के पास अपने विचार लिख भेजें। हो सकता है, इस शास्त्र को देखकर इससे भी अच्छा सांगोपांग ग्रन्थ कोई घुमक्कड़ लिख डाले। उसे देखकर इन पंक्तियों के लेखक को बड़ी प्रसन्नता होगी। इस प्रथम प्रयास का अभिप्राय ही यह है कि अधिक अनुभव तथा क्षमता वाले विचारक इस विषय को उपेक्षित न करें और अपनी समर्थ लेखनी को इस पर चलाए। आने वाली

पीढ़ियों में अवश्य कितने ही पुरुष पैदा होंगे जो अधिक निर्दोष ग्रन्थ की रचना कर सकेंगे। उस वक्त लेखक जैसों को यह जानकर संतोष होगा कि यह भार अधिक शक्तिशाली कंधों पर पड़ा।

जयतु जयतु घुमक्कड़-पंथा।